Contents

제1장 일식 주방의 조직 및 직무

1 관동지방

1) 주방의 조직

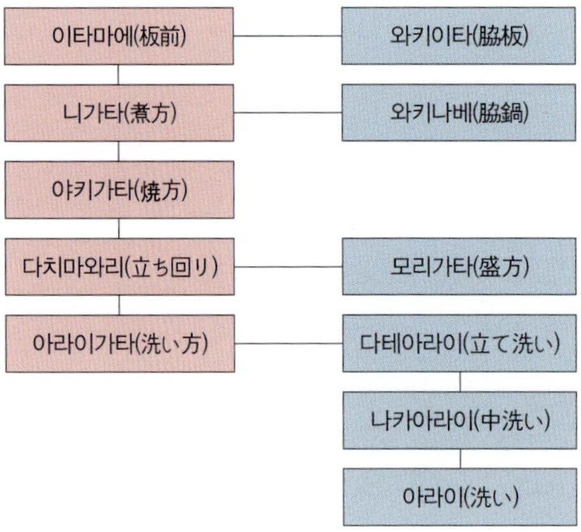

2) 직무

① 이타마에(板前)

생선을 손질하고 사시미를 담당하며, 주방 전체를 관장하는 역할을 한다.

메뉴작성 및 직원, 원가, 시설 등 주방업무를 총괄하며, 옆에서 와키이타가 보조한다.

② 와키이타(脇板)

이타마에를 보좌하며 주방의 일이 원활하게 돌아가게 하는 역할을 한다.

③ 니가타(煮方)

레인지 앞에서 끓이고, 익히고, 삶고, 졸이는 업무를 담당한다. 맛과 간을 조절하는 중요한 역할을 하기 때문에 경험 많은 사람이 맡게 되며, 와키나베가 이를 보조한다.

④ 와키나베(脇鍋)

니가타의 일을 보조하여 맛을 지키는 업무를 한다.

⑤ 야키가타(焼方)

야키바(구이기) 앞에 있으면서, 구이요리를 전담한다. 생선뿐 아니라 육류의 구이까지 직화요리를 모두 담당한다.

⑥ 다치마와리(立ち回り)

니가타, 야키가타, 모리가타 등의 일을 전반적으로 도우면서 일을 배운다. 여기저기서 허드렛일을 많이 하게 된다.

⑦ 모리가타(盛方)

요리를 그릇에 담고, 부재료 및 장식을 담아 완성하는 업무를 한다.

곁들일 재료들을 준비한다.

⑧ 아라이가타(洗い方)

채소, 어패류 등 식재료의 모든 전처리를 담당한다. 때로는 칼질도 하며, 각 파트에 재료들을 손질하여 제공한다. 다테, 나카, 아라이 등으로 서열이 정해진다.

⑨ 다테아라이(立て洗い)

아라이의 최고 서열로서 냉장고와 식재료 창고를 관리한다.

⑩ 나카아라이(中洗い)

다테아라이를 도와 냉장고와 식재료를 관리한다.

⑪ 아라이(洗い)

주방의 막내로서 청소와 식재료관리, 기타 허다한 일들을 담당한다.

2 관서지방

1) 주방의 조직

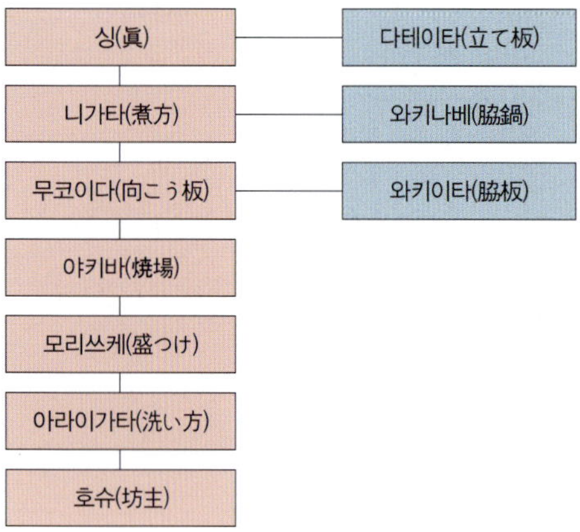

2) 직무

① 싱(眞)

주방장, 즉 조리장을 말하며, 메뉴의 작성 및 관리, 인적자원관리, 원가관리, 시설관리, 매출관리 등 주방의 모든 업무를 총괄한다. 본인의 적성에 따라 사시미를 켜거나, 간을 보기도 하지만, 대부분은 체크만 하고 메뉴가 나가는 것을 컨트롤하는 경우가 많다.

② 다테이타(立て板)

주방장을 보좌하며, 부재 시 싱의 지시에 따라 그 업무를 대신 관장한다.

③ 니가타(煮方)

끓이고, 삶고, 졸이고 익히는 일을 주관하며, 맛에 대해 책임지는 역할을 담당한다.

④ 와키나베(脇鍋)

니가타의 지시에 따라 맛을 지키는 업무를 수행한다.

⑤ 무코이다(向こう板)

칼판이라고도 하며, 생선을 손질하고 관리하며, 생선회요리를 담당한다. 이를 위하여 생선회 및 장식재료를 수시로 준비해 놓는다.

⑥ 와키이타(脇板)

칼판보조로서 무코이다의 지시에 따라 생선회요리 업무를 수행한다. 주방의 사정에 따라 와키나베와 같이 주방장의 업무를 보좌하기도 한다.

⑦ 야키바(焼場)

구이요리 담당으로 직화구이요리를 관장하며, 튀김요리까지 하는 경우도 있다.

⑧ 모리쓰케(盛つけ)

모리다이라고도 하며, 회를 제외한 요리를 완성하는 곳이다. 곁들이는 재료를 준비하여, 구이요리 등을 접시에 담아내는 역할을 한다. 도시락재료를 준비하기도 한다.

⑨ 아라이가타(洗い方)

거의 주방의 막내로서 그릇을 닦거나, 청소 등을 도맡아 한다. 그러면서 주방의 흐름을 배우고 익히면서 다른 파트에 자리가 날 경우 옮기기도 한다.

⑩ 호슈(坊主)

주방의 막내로서 잡일을 담당하며, 재료를 정리하거나, 각 파트에서 요구하는 각종 심부름 등의 업무를 하게 된다. 주방의 업무가 파악되면 다른 파트로 이동하며 배운다.

3 한국 내 일식주방 조직과 직무

1) 호텔주방조직

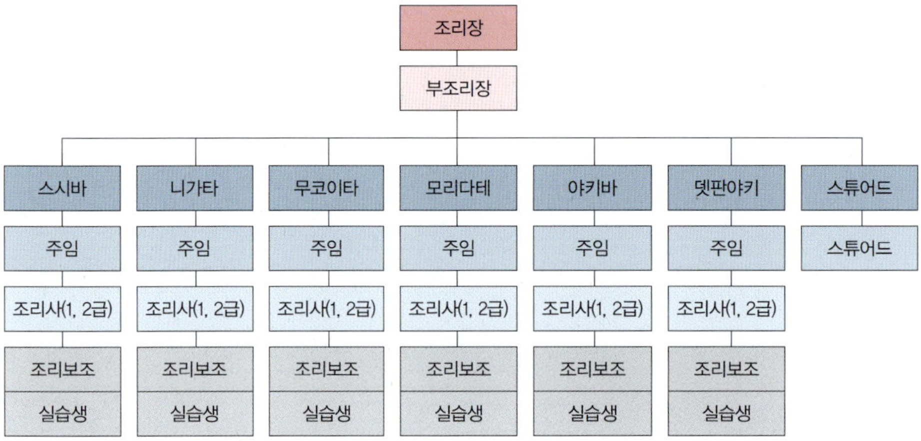

2) 호텔주방의 직무

① 조리장

주방의 규모나 개인 경력에 따라 조리과장, 계장이 하는 경우가 많고, 더러는 차장급에서 하는 경우도 있다. 특급호텔마다 명칭은 다르나 대부분 셰프로 통한다.

② 부조리장

조리계장이나 고참 주임급이 하는 경우가 많고, 명칭은 헤드셰프 또는 소스셰프 등으로 불린다.

나머지는 파트별로 보통 주임급이나 1st cook이 담당한다.

③ 스시바

초밥재료를 준비하여 고객으로부터 스시를 주문받아 즉석에서 만들어주는 업무를 담당한다. 조리실력도 좋아야 하지만, 고객과의 대화 및 응대능력도 뛰어나야 한다.

④ 니가타

주방 내에서 맛과 간을 내는 업무를 담당한다. 기본다시부터 각종 다시 국물을 날마다 만들어내고, 끓이거나, 삶거나, 찌거나, 졸이는 모든 메뉴를 담당한다.

⑤ 무코이타

생선을 손질하여 생선회를 담당하고, 관리한다.

⑥ 모리다테

도시락, 냄비재료 등을 담아내고, 요리를 장식하는 역할을 한다. 경우에 따라 디저트 과일도 담당한다.

⑦ 야키바

주로 구이요리를 담당하며, 경우에 따라 튀김요리까지 담당하기도 한다.

⑧ 뎃판야키

철판구이 코너가 있는 경우 규모에 따라 과장, 계장, 주임급이 담당한다. 철판 앞에 앉은 고객 앞에서 직접 조리해야 하므로 숙련된 조리사가 서야 하며, 특히 외국어와 상식에 능통해야 한다.

⑨ 스튜어드

밥과 채소 손질 등을 하며, 그릇 세척하는 업무를 담당한다. 여성이 하는 경우가 많다.

⑩ 주임

각 파트의 조리장으로서의 역할을 담당하며 10년 이상의 경력을 가지고 있으며, 자기 파트가 담당한 메뉴에 관한 업무 및 품질을 책임지고 수행한다.

⑪ 스튜어드

기물을 관리하고, 주방에서 채소, 밥 등의 업무를 담당한다.

⑫ 조리사

조리사의 숙련도와 경력에 따라 1급조리사(1st cook), 2급조리사(2nd cook)

등으로 나누기도 한다.

⑬ 조리보조

신입사원으로서 어시스트(Ass't cook)로 불리며 조리사의 보조 역할을 한다. 아르바이트로 채용하는 경우도 많다.

⑭ 실습생

현장실습을 하는 학생으로서 단기 또는 장기실습을 하며, 실습태도에 따라 채용되는 경우도 있다.

3) 일반 일식당 주방의 조직과 직무

일반 일식당 주방의 조직은 상당히 다양하게 존재한다.

주방장은 실장이라 하고, 그 밑에는 주방의 규모에 따라 부장, 과장, 계장, 주임, 사원 등의 직책이 주어진다.

그 직책에 따라 직무의 유형도 다양하여, 현장마다 다르기 때문에 일률적으로 나타낼 수 없지만, 사원부터 책임자에 이르기까지, 각 회사 나름대로의 규칙과 사규가 있어 그에 따르고 있다.

제2장 일본요리의 유형

일본요리의 조리방법은 생으로 먹는 회부터 가열조리의 방법별로 다양한 양상을 보이고 있다. 한국요리의 조리법과 유사한 경우가 많지만, 자세히 비교해 보면 더욱 세밀하다는 것을 알 수 있다. 또한 전혀 생소한 조리방법을 이용한 요리가 있는데 초회, 덮밥, 차밥 등이 대표적이라 할 수 있다. 이를 조리유형별로 하나씩 살펴보고자 한다.

일본요리의 조리유형은 전채요리에서 시작하여 디저트에 이르기까지, 각 조리방법별로 사시미, 국, 구이, 조림, 튀김, 찜, 무침, 초회, 밥류, 절임류, 과자 및 디저트류, 초밥류, 면류 등의 다양한 요리로 나누어지고 있으며, 각각 고유의 조리방법을 바탕으로 하여 끊임없이 변화하며 발전하고 있다. 다음의 표는 일본요리의 유형별 · 조리방법별 특성에 따라 분류해 본 것이다.

일본요리의 조리유형

일본명(한문)	한글명	요리예
젠사이(前菜)	전채요리	전채요리, 진미요리 – 오도시, 젠사이, 진미, 기자메사라다
사시미(刺身)	생선회	활어회, 흰살생선회, 참치회, 모둠생선회 – 이키즈쿠리, 우스즈쿠리, 마구로사시미, 사시미모리아와세
시루모노(汁物)	국요리	조개국, 흰살생선국, 된장국 – 스이모노, 미소지루
야키모노(焼物)	구이요리	직화구이 – 시오, 데리, 쓰케, 버터, 기미, 스가타야키 간접구이 – 쓰즈미야키, 호로쿠야키 기타 – 오코노미야키
니모노(煮物)	조림요리	생선조림, 간장조림, 닭고기 채소조림 – 도리우마니, 다이가부토니, 다이아라다키(아라니)
아게모노(揚物)	튀김요리	새우튀김, 생선튀김, 채소튀김 – 가키아게, 가와리아게, 아게다시도후, 에비텐푸라, 스아게, 마쓰카사아게
무시모노(蒸物)	찜요리	생선찜, 달걀찜, 술찜 – 자완무시, 도빙무시, 신슈무시, 사쿠라무시, 사카무시, 겐친무시, 도로로무시
아에모노(和物)	무침요리	채소무침, 생선무침 – 오히타시, 사쿠라아에, 후구가와아에
스노모노(酢の物)	초회	해산물초회, 모둠초회 – 스노모노모리아와세, 준사이스노모노, 가이산부쓰스노모노, 우나큐스노모노
나베모노(鍋物)	냄비요리	오뎅, 샤브샤브, 스키야키, 가미나베, 지리나베
고항(御飯)	밥	가마메시, 오니기리, 오카유, 야키메시
돈부리모노(丼物)	덮밥	가쓰돈, 마스터케돈, 우나기돈, 뎃카돈, 오야코돈
츠케모노(漬物)	절임류	우메보시, 시오쓰케, 나라쓰케, 모리아와세
오카시(お菓子)	과자	요캉, 미즈카시
스시(寿司)	초밥	니기리즈시, 지라시즈시, 호소마키, 다테마키, 후토마키, 이나리즈시, 스시벤토
요세모노(寄物)	굳힘요리	니코고리, 간텡수프
멘루이(麵類)	면요리	차소바, 자루소바, 야키소바, 가케우동, 나베우동, 야키우동, 소면

1 젠사이(前菜 ; ぜんさい) – 전채요리

젠사이란 식전에 나오는 전채요리를 말하며, 원래는 3품 내지 5품의 요리를 내었으나 현재는 그 형식이 보다 자유로워지고 있다. 예를 들면, 젠사이의 기본은 육지, 강이나 바다, 공중 등에서 나오는 식재료를 각각 이용하여 만들어야 하고, 요리의 재료나 방식에서 계절을 나타내야 하며, 맛은 식욕을 자극할 수 있는 것으로 해야 한다. 그러나 이러한 모든 것들을 충족시키는 것이 그다지 쉬운 일도 아닐뿐더러 세상의 변화에 따라 요리의 형식이나 유형도 나름대로 유행을 따라가면서 그 기본이 사실상 무시되고 있는 실정이다.

일본요리에서는 원래 오도시(御通し ; おとおし)라고 하여 주안상의 안주요리로 나오던 것이, 근대에 오면서 서양요리와 중국요리의 영향을 받아 전채요리의 형태로 만들어져 이어지고 있다.

따라서 최근에는 계절이나 형식보다는 고객들의 취향이나 입맛에 따라 조리되고 있다. 또한 현재는 형식을 가진 젠사이나 오도시보다는 일품요리로서 진미요리를 내는 요리가 훨씬 많이 제공되고 있다.

(1) 젠사이(前菜 ; ぜんさい) – 전채요리

1) 새우를 중심으로 한 오도시

재료

새우, 전복, 킹캉, 양갱, 생선뱃살(등푸른생선)

조리법

❶ 새우는 삶아 핫포다시에 살짝 조린다.

❷ 전복은 술찜하여 낸다.

❸ 킹캉의 씨를 제거하고 달게 조려낸다.

❹ 히카리모노(등푸른생선)의 뱃살을 된장구이한다.

2) 전복술찜을 곁들인 젠사이

재료

전복, 상어지느러미(샥스핀), 새우, 밤, 메추리알, 나마스마키(다시마, 당근, 달걀, 광어살, 오보로, 김), 파슬리

조리법

❶ 전복은 손질하여 칼집을 내어 사카무시(술찜)한다.

❷ 메추리알은 삶아서 사과모양으로 만들어 적색색소로 물들여놓는다.

❸ 재료를 가지런하게 놓고 나마스마키(膾巻き)를 만들어 썰어둔다.

❹ 밤을 삶아 달게 조려놓는다(구리노 아메다키-栗の飴炊き).

❺ 상어지느러미를 아마스(甘酢)로 초무침하여 둔다.

❻ 색상과 모양을 맞추어 접시에 보기 좋게 담아 장식하여 낸다.

3) 가이세키요리의 젠사이

재료

대게다리, 콩두부, 산마즙, 고노와다, 곶감, 새우

조리법

❶ 대게를 쪄서 다리를 손질하여 산바이스와 함께 낸다.

❷ 산마즙 위에 고노와다와 해삼을 썰어 놓고 하리노리를 얹는다.

❸ 속재료로 채운 곶감을 썬다.

❹ 검정콩 두부에 소바다시를 넣고 파와 이도가키를 얹어낸다.

4) 어란을 곁들인 오도시

재료

구라게(해파리), 새우, 검정콩, 도코부시(오븐자기), 오징어살, 가라스미, 연어뱃살

조리법

❶ 해파리에 산초, 스쓰케하여 매화색을 내어 우메시소 구라게를 만든다.

❷ 새우는 삶아 핫포다시에서 살짝 끓인다.

❸ 도코부시는 술찜하여 슬라이스한다.

❹ 민어알을 절여 가라스미를 만들어 무와 슬라이스하여 낸다.

❺ 오징어를 칼집을 넣어 기미야키하여 썬다.

❻ 깍지콩을 삶아 내고, 검정콩을 달게 조려 꼬치에 꿴다.

❼ 연어뱃살은 소금구이한다.

5) 코스요리용 젠사이

재료

대게다릿살, 흰살생선살, 산마즙, 고노와다, 산바이스, 이도가키, 해삼

조리법

❶ 대게다리에 산바이스를 곁들인다.

❷ 흰살생선살에 이도가키를 곁들인다.

❸ 산마즙 위에 해삼을 놓고 고노와다를 곁들인다.

❹ 재료에 각각 실파와 유자로 장식하여 낸다.

(2) 진미(珍味 ; ちんみ) – 진미요리

진미요리는 젠사이와 더불어 식전에 나가는 소량의 안주요리로서 일본요리에 있어서 삼대 진미라고 한다면, 고노와다(海鼠腸–해삼창자젓), 가라스미(鱲子–어란), 우니(雲丹–성게알)를 들 수 있다. 일본요리 식사 전에는 대개 맥주나 청주 등의 음료를 마시게 되는데, 그때 이 진미요리를 곁들이게 되며, 최근에는 각 레스토랑에서 새로이 개발된 요리가 제공된다. 요리의 방법은 다양하지만 간단한 안주요리로서 나름대로의 맛을 가지고 식욕을 증진시키고, 대체적으로 한 젓가락 분량의 소량의 요리를 담고 있으며, 작은 양의 요리지만 정성을 담아 내는 요리로서 레스토랑의 수준을 결정짓는 요소로 삼을 수도 있다.

진미요리로서 나오는 형태를 고즈케(小付 ; こづけ), 고바치(小鉢 ; こばち) 또는 쓰키다시(突出 ; つきだし) 등으로 부르기도 하는데, 이것은 음식 담는 그릇을 지칭하기도 하고 그냥 지나치는 음식, 또는 식사 전에 나오는 간단한 안주요리 등의 의미를 담고 있다. 아래 사진은 참치회 위에 산마즙과 채소를 올린 야마카케(山掛 ; やまかけ)요리이며, 다음에는 몇 가지 진미요리의 예를 소개해 보도록 하겠다.

1) 앙코우노기모(鮟鱇の肝 ; あんこうのきも) – 아구간

재료

앙키모, 아카오로시, 실파, 폰즈, 레몬즙

조리법

❶ 아구의 간을 삶아 익혀 스이지에 담가둔다.

❷ 한입 크기로 썰어 용기에 담는다.

❸ 실파를 잘게 썰고 아카오로시를 얹는다.

❹ 폰즈를 곁들이고 레몬즙을 뿌려낸다.

• 아구간을 간단히 '앙키모'라고도 부르며, 고단백 · 고지방 식품이라 맛이 매우 진하므로 조금씩 먹도록 한다.

2) 모즈쿠 스노모노(海蘊酢の物 ; もずくすのもの) – 매생이초회

재료

매생이, 식초, 산마즙, 우스쿠치, 다시, 미림, 홍초

조리법

❶ 매생이를 살짝 데쳐 물기를 제거한다.

❷ 산마즙은 갈아서 소금과 청주로 약하게 간을 한다.

❸ 식초 1, 다시 1, 우스쿠치 1, 미림 1, 홍초 0.5 비율로 섞은 소스를 끼얹어낸다.

• 위의 비율로 맞춘 초회소스는 다른 해물의 초회에도 사용이 가능하며, 해초나 어류 등의 해산물은 재료를 끓는 물에 데쳐서 사용하는 것이 좋다.

3) 수제 검정콩두부

재료

검정콩, 달걀, 전복, 새우, 와사비

조리법

❶ 검정콩을 삶아 갈아서 고형분에 달걀을 섞어 검정콩두부를 만든다.

❷ 새우를 삶아 핫포다시에 담가둔다.

❸ 전복은 술찜하여 슬라이스한다.

❹ 검정콩두부 위에 전복, 새우를 얹고 소바다시를 끼얹는다.

❺ 와사비를 얹어낸다.

• 검정콩두부 대신 달걀두부나 연두부의 사용도 가능하다. 또한 위에 얹어내는 해산물도 재료 사정에 따라 다른 것으로 교체하여 사용할 수 있다.

4) 난반즈케(南蛮漬け ; なんばんづけ)

재료

고등어, 당근, 양파, 다시, 우스쿠치쇼유, 미림, 식초

조리법

❶ 고등어를 손질하여 가시를 제거한 후 한입 크기로 썰어놓는다.

❷ 당근과 양파를 채썰어 물로 헹궈둔다.

❸ 소스(다시 6, 우스쿠치 1, 식초 1, 미림 1)를 비율대로 섞어 살짝 끓인다.

❹ 고등어를 튀긴 후 채소를 얹어 소스를 곁들여낸다.

• '난반'이라는 명칭이 붙은 요리는 남만지방인 스페인, 포르투갈 등의 영향을 받은 소스를 곁들인 요리로서, 이와 같은 맛을 내는 소스를 곁들인 요리들을 말하며, 이들을 통칭하여 '난반료리(南蠻料理 ; なんばんりょうり)'라고 한다.

5) 톳과 죽순을 이용한 진미

재료

당근, 백태, 톳, 곤약, 죽순

조리법

❶ 죽순은 삶아 당근과 단자쿠기리하여 둔다.

❷ 톳은 불려 줄기에서 분리해 낸다.

❸ 곤약도 삶아 썰어 놓고, 콩도 불려 놓는다.

❹ 재료들을 핫포다시로 1차 조려준다.

❺ 2차로 설탕, 미림, 청주를 넣고 간을 하여 조린다.

• 이와 같이 조리는 요리는 일본사람들이 좋아하는 맛이며, 우엉을 가늘게 썰어서 사용해도 좋다.

6) 진미삼품(珍味三品)

재료

이카, 명란젓, 실파, 고노와다(해삼창자젓), 해삼, 산마, 이쿠라(연어알), 도비코(날치알), 김, 오이꽃

조리법

❶ 이카(오징어살)는 이도기리하여 청주에 담갔다가 명란젓에 무쳐낸다.

❷ 해삼을 손질하여 스지를 제거하고 채썰어 고노와다에 버무려 담아낸다.

❸ 산마즙 위에 이쿠라, 도비코, 김(하리노리)을 얹어낸다.

❹ 세 가지 진미를 담아 오이꽃으로 장식하여 낸다.

7) 도로로(薯蕷 ; とろろ) – 산마즙

재료

산마즙, 구라게스(해파리초무침), 고노와다, 멍게, 오이

조리법

❶ 오이를 자바라기리하여 소금에 절여놓는다.

❷ 산마즙을 갈아 청주로 간을 한다.

❸ 산마즙에 고노와다와 구라게스를 곁들인다.

❹ 자바라한 오이와 멍게를 얹어낸다.

• 산마즙 위에 올려내는 재료는 조리 취향에 따라, 또는 고객의 기호에 따라 변화를 주도록 한다.

8) 후구가와아에(河豚皮和え；ふぐがわあえ) – 복껍질무침

재료

복껍질, 무즙, 고춧가루, 미나리, 실파, 유자, 폰즈

조리법

❶ 복껍질을 끓는 물에 데쳐내어 물기를 제거한 후 채썰어둔다.

❷ 무즙은 모미지오로시를 만들고 실파를 고구치기리한다.

❸ 유자를 슬라이스하여 깔고 미나리와 복껍질을 섞어 올린다.

❹ 모미지오로시와 유자껍질, 실파를 올려 폰즈를 곁들여낸다.

- 복껍질에는 콜라겐이 많아 씹힘성이 좋기 때문에 자주 이용되며, 복껍질이 없는 경우 도미껍질을 데쳐서 사용해도 좋다.

9) 고마다레(胡麻垂れ ; ごまたれ)를 곁들인 진미요리

재료

달걀두부, 고마다레, 은행, 복튀김, 새우

조리법

❶ 달걀찜하여 달걀두부를 만든다.

❷ 새우를 삶아 핫포다시에 담근다.

❸ 은행을 소금구이한다.

❹ 복어살을 튀겨낸다.

❺ 재료들을 용기에 담아 고마다레를 곁들여낸다.

고마다레

아다리고마 60g, 양파 간 것 45g, 당근 간 것 45g, 치킨스톡 120cc, 진간장 80cc, 미림 60cc

- 고마다레는 참깨를 갈아 만든 소스로서, 고마다레 대신에 난반즈케용 소스나 소바다시 등의 소스로 대체 사용해도 좋다.

10) 기자메(刻め ; きざめ) – 채소샐러드

재료

양상추, 은행, 표고버섯, 토마토, 느타리버섯, 적채, 양파, 와후드레싱

조리법

❶ 채소를 한입 크기로 썰어 물에 헹궈 물기를 빼놓는다.

❷ 분량의 재료를 비율대로 섞어 와후드레싱을 만든다.
(식용유 1, 식초 2/3, 진간장 1, 미림 1, 양파즙 1/3, 참깨 1/5, 사과즙 1/2)

❸ 버섯을 데쳐 식혀서 썰어둔다.

❹ 용기에 보기 좋게 담고 토마토와 은행으로 장식한다.

• 와후(和風)드레싱은 간장과 식초, 미림, 식용유 등으로 만든 일본식 드레싱으로 '간장드레싱' 또는 '오리엔탈드레싱' 등으로 부르며, 각종 샐러드드레싱으로 폭넓게 사용되고 있다.

2 사시미(刺身 ; さしみ) – 생선회

사시미는 생선회를 말하지만, 생선회는 본래 쓰쿠리(造り, 作り ; つくり)라고 불렸으며, 생선을 토막내어 요리로 만들었다는 의미가 숨어 있다. 생선마다 먹는 때(旬)가 있고, 그것을 조리하는 데는 숙련된 칼질 솜씨가 있어야 하며, 또한 곁들임재료를 통해 잘 장식되어야 한다. 사람들의 기호가 가급적이면 살아 있는 생선의 회가 바람직하다고 생각하지만, 최근에는 숙성시킨 생선의 맛에 감칠맛이 있어 그 가치를 재조명받고 있다. 사시미는 조리 시 생선의 선도와 경도, 그리고 맛을 느낄 수 있도록 생선이 가지고 있는 특성에 따라 손질하여 만들어 낸다. 예를 들면, 참치나 방어와 같이 지방이 많고 크기가 큰 것은 살이 부드러우므로 두껍게 썰고, 도미나 광어 · 농어 등의 신선한 흰살생선의 경우는 육질이 비교적 단단하므로 얇게 써는 것이 좋다. 또한 생선회의 종류에 따라 쓰마(妻 ; つま) 등의 곁들이는 채소와 와사비나 간장 등의 양념을 잘 선택하는 것도 중요하다. 사시미는 어개류를 생식하는 일본요리의 대표적인 요리로서, 그 어원은 조리한 생선의 몸에 그 생선의 지느러미를 꽂아(刺–찌를 자) 담은 것에서 유래되었다고 하는데, 이는 생선의 살을 자른다는 의미가 다소 혐오적인 느낌을 줄 수 있어 생선의 몸(身)에 꽂는(刺)다는 말로 미화시켜 표현되었다고 할 수 있다.

사시미는 어패류 외에도 닭고기, 쇠고기, 말고기, 고래고기, 곤약 등의 재료를 사용하여 조리하는 것을 포함한다.

사시미를 담을 때에는 채소나 해조 등의 쓰마(妻 ; つま), 와사비, 초생강, 겨자, 마늘 등의 매운맛을 첨가하며, 생선회를 써는 법이나 처리하는 방법에 따라 사시미의 명칭이 달라지며, 그러한 사시미의 종류에 따라 소스도 간장, 폰즈(초간장), 스미소(초된장) 등 곁들여 먹는 방법이 다양하다.

이러한 사시미를 조리함에 있어 다음의 몇 가지 주의할 사항이 요구된다.

① 가급적 제철 생선을 취급한다.

제철 생선이라 함은 산란기 바로 전으로서 많은 영양분을 몸속에 함유하고 있을 때이다. 따라서 지방함량도 높아 가장 좋은 맛과 영양을 즐길 수 있기 때문이다. 요즘은 양식기술이 발달하여 사계절 출하되는 생선이 많아졌지만 그래도 자연산 제철 생선은 비싼 값에 상당량이 유통되고 있음을 명심한다.

② 신선한 재료를 사용한다.

생선회의 품질은 생선의 선도에 의해 좌우된다고 해도 과언이 아닐 정도로 매우 중요하므로, 절대적으로 신선한 생선을 사용하도록 한다. 신선한 생선의 공급을 위하여 활어를 사용하는 경우가 많은데, 수족관에서 며칠씩 방치되었던 생선은 오히려 영양 손실로 인해 맛이 떨어지므로 주의하도록 한다.

③ 완벽한 전처리작업을 한다.

생선의 피, 아가미, 내장 등은 생선의 선도를 떨어뜨리거나 불쾌취를 유발하여 생선의 맛에 영향을 줄 수도 있으므로, 생선의 손질단계에서 완벽하게 제거하여야 한다.

④ 생선에 맞는 칼질작업을 한다.

생선의 특성에 따라 사시미를 켜는 방법이 다양하다. 따라서 각 생선의 특성을 잘 파악하여 가장 좋은 맛과 질감을 낼 수 있는 조리법을 습득하도록 한다.

⑤ 조리기구 및 부재료의 선택

칼, 도마 등의 조리기구부터 사시미를 담는 그릇, 그리고 담고 장식하는 곁들임재료까지 사소한 것 하나라도 놓치면 사시미의 품질을 떨어뜨릴 수도 있기 때문에 특별히 유의하도록 한다.

(1) 사시미의 종류

1) 이키즈쿠리(生き造り；いきづくり) – 활어회(活造り；かつづくり, fresh sashimi)

사시미를 조리하는 방법 중 하나로 살아 있는 생선을 통째로 즉석에서 손질하는 것을 말하며 이케즈쿠리(いけづくり)라고도 한다. 생선을 산 채로 내장을 제거하고 머리와 꼬리를 붙여 놓은 채 뼈에서 살을 발라내어 자연스러운 모습으로 사시미를 만들어 그 위에 담아 내는 것으로, 생선 원래의 모양을 그대로 갖추고 있다고 하여 스가타즈쿠리(姿作り)라고도 부른다. 처음에는 잉어를 사용하였으나 현재는 도미를 많이 사용하고 있으며, 숙련된 조리사라면 거의 모든 생선의 이키즈쿠리가 가능하다.

재료

도미나 광어, 혹은 농어나 방어 등의 활어 한 마리, 겡, 오이, 당근, 업린, 꽃, 와사비, 무즙, 무, 무순, 이십일무 등

조리법

❶ 생선의 머리를 붙여 놓은 채 내장과 아가미를 제거하고 오로시한다.

❷ 생선의 머리가 좌측으로 가도록 그릇 위에 고정시키고, 몸통에 생선회를 썰어 올려놓는다.

❸ 부재료를 장식하여 완성하여 낸다.

❹ 경우에 따라서는 생선의 껍질을 생선회 위에 덮어 생선 원래의 모습으로 담아내기도 한다.

• 한 가지 생선만의 이키즈쿠리로 조리하여 제공하기도 하지만, 생선의 이키즈쿠리와 함께 다른 생선재료들의 모둠회로 담아내기도 한다. 이키즈쿠리는 눈으로 먼저 먹는 시각적 효과가 크므로, 장식에도 화려함이 깃들게 하면 더욱 좋은 요리가 될 수 있다.

다이(鯛 ; たい – 도미)를 이용한 활어회

구로다이(黒鯛 ; くろたい – 감성돔)를 이용한 활어모둠회

방어, 개불, 피조개, 우니, 새조개, 소국화, 도사카노리, 당근나비, 무겡, 소라

아이나메(鮎魚女 ; あいなめ – 놀래미)를 이용한 활어모둠회

참치, 광어, 래디시, 당근나비, 레몬, 시소, 파슬리, 도사카노리, 무순, 무토끼

다치우오(太刀魚 ; たちうお – 갈치활어)를 이용한 모둠회

해삼, 전복, 참치, 광어, 키조개, 도미, 스다치, 레몬, 무순, 시소, 도사카노리, 메추리알, 무겡, 파슬리 장식

메바루(目張 ; めばる – 볼락)의 활어회

2) 우스즈쿠리(薄造り ; うすづくり) – 흰살생선회

사시미를 만드는 방법 중의 하나로 손질된 생선을 얇게(薄) 소기기리(削ぎ切り ; そぎぎり–깎아내듯 비스듬히 자르는 것)하여 담아 낸다. 복어나 광어 등 육질이 비교적 단단한 생선에 이용되며, 복어를 자르는 대표적인 방법으로 후구즈쿠리(河豚作り)라고도 한다. 사시미를 담는 접시의 색과 무늬가 투명하게 보이도록 사시미를 얇게 썬 것을 하나씩 그릇에 가지런히 돌려가며 담아 큰 원을 그리거나, 학 등의 새 모양으로 담아 내기도 한다. 우스즈쿠리에는 대체로 폰즈와 야쿠미(모미지오로시, 실파)를 곁들인다.

재료

도미, 광어, 농어, 복어, 쑤기미 등 흰살생선, 폰즈, 아카오로시, 실파, 레몬 또는 스다치

조리법

❶ 손질한 생선살을 깨끗하게 다듬어놓는다.

❷ 생선회칼을 이용하여 둥글게 당기듯이 소기기리하여 얇게 썰어 원형으로 담는다.

❸ 접시의 무늬가 비치도록 담아 폰즈와 야쿠미를 함께 곁들여낸다.

다이(鯛 ; たい – 도미)의 우스즈쿠리

히라메(平目 ; ひらめ – 광어)의 우스즈쿠리

3) 마구로사시미(鮪刺身 ; まぐろさしみ) – 참치회

참치는 고등어과의 참치속에 있는 생선을 총칭한 것으로 길이는 1~3미터에 달한다. 머리부터 몸통은 매우 굵고 꼬리로 가면서 급속히 가늘어지는 것이 특징이다. 참치로 불리는 것에는 구로마구로(참다랑어), 메바치(눈다랑어), 기하다(황다랑어), 빈나가(날개다랑어) 등이 있고, 여기에 가지키(새치)까지 포함하여 참치라고 부른다. 구로마구로는 혼마구로라고도 하여 참치의 대표로 여겨지고 있으며, 이를 간단히 구로(黑)라고 부르기도 한다. 맛이 뛰어나고 값이 비싸며, 지방함량이 높아 사시미와 스시의 대표적인 재료로 사용되고 있다.

보통은 태평양, 인도양, 대서양 등의 외해(外海)의 깊은 바다에서 서식하며, 경우에 따라서는 연안에서 잡히기도 한다. 최근에는 일본에서 참치의 치어를 잡아 양식하는 축양(畜養)기술이 개발되어 보급되고 있다. 참치회는 근육색소인 미오글로빈(myoglobin)이 산화되거나 열에 의해 갈변되는 것을 방지하기 위하여, 급랭시켜 색을 보존해 주어야 하므로, 참치용 냉동고는 보통 영하 60℃ 이하의 온도로 보관한다. 한 마리씩 통째로 판매되기도 하지만, 대부분 아카미(등살)와 도로(뱃살)가 구분되어 부위별로 판매되는 경우가 많으며, 시중에서 유통되는 참치의 종류별 특성은 다음과 같다.

① **구로마구로**(黑鮪, bluefin tuna) : **참다랑어, 흑다랑어**

3~4미터의 길이에 무게는 500kg에 이른다. 부드러운 육질로 맛이 좋아 최고의 사시미, 스시 재료로 이용되므로 가격이 가장 비싸다. 대부분 원양어선을 통해 공급받지만 근해에서 새끼가 잡혀오기도 한다. 작은 것은 수십만 원 정도의 가격에 거래되지만, 큰 상품은 한 마리에 1억 원이 넘는 가격으로 경매되기도 한다. 현장에서는 '혼마구로(本鮪 ; ほんまぐろ)'라고 부른다.

② **메바치**(眼撥, bigeye tuna) : **눈다랑어**

외관은 구로마구로와 유사하나 눈이 상당히 크고 날개 지느러미가 길며 몸통이 뚱뚱하다. 남태평양 · 하와이 · 인도양에 많이 서식하고, 맛은 구로마구로보다 다소 떨어진다.

③ 기하다(黃肌, yellowfin tuna) : 황다랑어

등지느러미와 배지느러미가 황색인 특성이 있어 황다랑어라 불리며, 여름부터 가을까지는 일본 근해에서도 발견된다.

④ 빈나가(鬢長, albacore) : 날개다랑어

옆에 붙은 날개 지느러미가 메바치보다 훨씬 길며, 무게 30kg 정도의 비교적 작은 크기로서, 맛이 별로 좋지 않아 사시미 재료보다는 참치통조림으로 많이 이용되고 있다.

⑤ 가지키(梶木, marlin) : 새치

참치와는 생김새와 조직이 확실하게 다르지만 참치와 혼동되는 경우가 많다. 시중의 참치회 전문점에서 시판되는 대부분이 가지키(새치) 종류들이다. 가지키는 마구로와 달리 입이 학꽁치처럼 뾰족하게 나와 있고, 보다 날렵하게 생겼지만 마구로의 대용품으로 사시미나 스시의 재료 또는 통조림의 가공원료로도 이용되고 있다. 마가지키(청새치), 베가지키(눈새치) 등이 대표적이다.

일본 동경 쓰키지시장에서의 참치 유통과정

▲ 경매 대기 중인 참치

▲ 참치의 경매장면

▲ 경매된 참치의 운반

▲ 운반된 참치의 절단장면

▲ 절단된 참치의 모양

▲ 참치의 부위별 판매

• 참치의 유통가격은 참치의 종류와 크기, 상품의 품질에 따라 상이하다. 따라서 부위별로 가격이 다르기도 하지만, 같은 부위라도 참치의 등급에 따라 수십 배 이상의 가격차이가 나기도 한다. 자연산의 경우 현재 어획량이 급감하고 있어 가격이 계속 오를 전망이다.

가마살의 분리

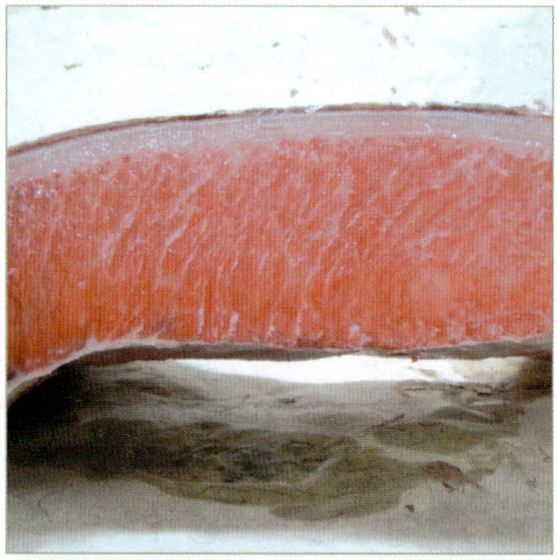

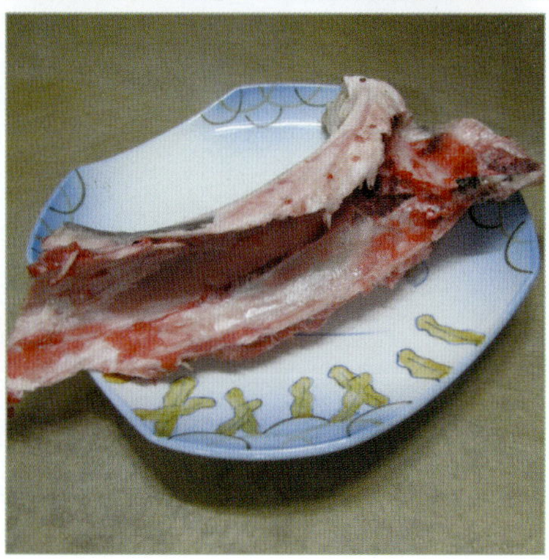

참치회 모둠

재료
참치(등살, 뱃살 등), 겡, 시소, 무순, 스다치, 와사비

조리법
❶ 무를 이용하여 겡을 만들어 담는다.

❷ 시소를 얹고 와사비를 준비한다.

❸ 참치를 히키즈쿠리, 히라즈쿠리 또는 가쿠즈쿠리하여 담아낸다.

❹ 뱃살(오도로)과 등살(아카미) 등을 골고루 모둠으로 담아낸다.

❺ 무순으로 장식하고 와사비를 곁들인다.

❻ 스다치 등으로 장식도 하고 간장에 곁들여 먹기도 한다.

참치회 도로(トロ)

재료
참치도로(뱃살), 가마도로, 겡, 시소, 무순, 소국, 파슬리, 와사비

조리법
❶ 무를 이용하여 겡을 만들어 담는다.

❷ 시소를 얹고 와사비를 준비한다.

❸ 도로, 가마도로를 모양에 따라 썰어 담는다.

❹ 무순과 소국화꽃으로 장식하고 와사비를 곁들인다.

❺ 도로는 특히 다량의 와사비를 제공하도록 한다.

• 도로는 지방의 함량이 높아 참치회의 고소하고 부드러운 맛을 최대한 즐길 수 있다. 이것을 다량의 와사비와 함께 먹으면 더욱 고소한 감칠맛의 극치를 느낄 수 있다.

4) 사시미모리아와세(刺身盛合せ ; さしみもりあわせ) – 모둠생선회

여러 종류의 사시미를 한 접시에 담아 낸 것으로 맛과 색상을 고려하여 구도를 잡고, 해초 및 채소들의 모양과 색을 이용하여 장식해 낸다. 모둠생선회에 사용하는 생선은 계절에 나는 것을 사용하는 것이 원칙이나, 최근에는 양식기술의 발달로 도미와 광어, 그리고 농어 등은 사시사철 이용이 가능해졌다. 다만, 조개류는 독성이나 비브리오 패혈증의 위험부담이 있어 고객들이 혐오하므로 가급적 사용을 자제하도록 한다.

도사카노리(鷄冠海苔 ; とさかのり)

직역하면 '닭벼슬김'이라고 할 수 있는데, 김은 김이지만 닭의 벼슬과 같이 생겼다고 해서 붙여진 이름이다. 적색 · 녹색 · 백색의 세 종류가 있으며 해초초회나 사시미의 장식으로 많이 사용된다.

스다치(酢橘 ; すだち)

▲ 생선회에 사용되는 스다치

밀감과의 하나로 미숙과의 과즙을 요리에 사용한다. 일본의 도쿠시마(德道縣) 특산물로 유자의 근종으로 향과 산미가 독특하여 레몬이나 라임보다 강한 맛이 특징이다. 11월경 30~40g 크기의 녹색 열매를 이용하는데, 최근에는 제주에서 국산화에 성공하여 영귤(靈橘 ; 신령한 귤)이라 이름 지어 판매하고 있다. 일본요리에서는 생선회, 송이요리, 복어요리에 많이 이용되고 있다.

재료

참치, 도미, 광어, 방어, 전복, 겡, 파슬리, 소국화, 난꽃, 도사카노리, 무순, 스다치, 와사비

조리법

❶ 구도에 따라 무겡을 깔고 시소를 얹는다.

❷ 생선회를 썰어 색상별로 얹는다.

❸ 전복을 손질하여 내장을 제거한 후 껍질에 썰어 담는다.

❹ 꽃과 도사카노리로 장식하고 와사비를 담아낸다.

겡을 봉처럼 모리하여 낸 전형적인 모둠회

겡을 중앙으로 향하게 담아낸 모둠생선회

겔을 사용하지 않고 작은 접시(고사라)를 이용한 모둠생선회

코스에 나가는 1인분 모둠생선회

코스에 나가는 1인분 모둠생선회 1

여름철에 얼음을 부수어 바닥에 깔아 시원함을 더하게 모리한다.

농어, 광어, 도미, 단새우, 참치, 도로, 문어, 전복 등의 고급진 재료가 듬뿍 담긴 것으로 보아 고가의 코스요리로 보인다.

코스에 나가는 1인분 모둠생선회 2

코스에 나가는 3인분 모둠생선회

(2) 사시미의 조리

1) 히라즈쿠리(平作り ; ひらづくり)

일반적으로 가장 많이 쓰이는 방법으로, 생선의 우측면에 칼날을 대고 세게 당기면서 써는 방법. 흰살생선을 도톰한 모양으로 두껍게 썰거나 참치회 썰기에 이용된다.

▲ 참치 썰기 모양

▲ 흰살생선 모양

2) 히키즈쿠리(引き作り ; ひきづくり)

손질한 생선을 야나기바를 이용하여 당겨 써는 방법으로, 흰살생선회를 만들 때 사용한다.

▲ 히키즈쿠리 써는 장면

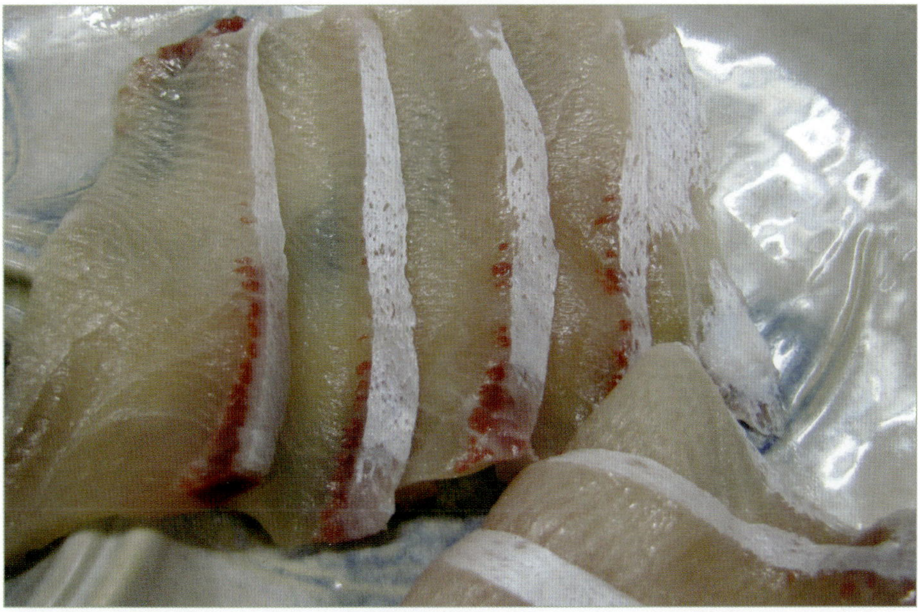

▲ 히키즈쿠리로 썰어 놓은 방어회

3) 가쿠즈쿠리(角作り ; かくづくり) – 깍둑모양 썰기

생선회를 깍두기 모양으로 써는 방법으로, 참치 등의 두꺼운 생선에 주로 이용되며, 참치회의 야마가케(山掛け)가 대표적이다. 생선회는 크기나 모양, 결에 따라 씹히는 질감이 다양하게 표현될 수 있는데, 해동이 덜 된 참치회를 깍두기처럼 가쿠즈쿠리하여 먹으면 색다른 느낌을 받을 수 있다. 또한 단지 생선회의 모양에 변화를 주기 위하여 사용되기도 하며, 달걀의 난황을 삶아 체에 내린 이리다마고(煎り玉子) 등을 묻혀내기도 한다.

참치의 가쿠즈쿠리

4) 이토즈쿠리(糸作り；いとづくり) – 가늘게 썰기

사시미의 재료를 실같이 가늘고 일정하게 채써는 방법으로, 오징어나 흰살생선, 또는 작은 생선에 폭넓게 이용되며, 세공요리나 무침요리를 위하여 사용되기도 한다. 이토즈쿠리를 하는 경우 생선의 결과 같은 방향으로 썰면, 생선의 쫄깃거림이 지나치게 강해질 수 있어 자칫 질긴 생선이라 느낄 수 있으므로, 가급적 생선 결의 반대방향으로 대칭이 되도록 써는 것이 좋다. 그래야 적당한 질감과 맛을 한층 더 좋게 느낄 수 있기 때문이다. 오로시한 생선의 표면이 위쪽으로 향하게 하고, 뱃살 부분이 조리사를 향하게 하여 칼로 누르듯이 단번에 당기면서 가늘게 썰어 나가도록 한다. 이때 생선의 굵기가 일정하도록 왼손으로 거리조절을 잘 해야 한다.

이토즈쿠리는 사용하는 생선재료, 사용목적 등에 따라 그 굵기가 다르게 적용되지만, 한 가지 요리에 사용되는 재료는 일정한 굵기가 되도록 썰어내는 것이 중요하다고 할 수 있으며, 이는 꾸준한 노력으로 습득한 숙련된 칼 솜씨가 요구된다.

▲ 이토즈쿠리 써는 장면

① 광어의 이토즈쿠리

광어회를 가늘게 썰어놓은 것으로 회무침 또는 회덮밥 등에 사용되기도 하지만, 그 상태 그대로 사시미의 맛을 즐길 수도 있다. 생선의 두께, 너비, 썰어놓은 모양에 따라 생선의 맛이 다르게 느껴지기도 하는 것이 사시미 맛의 묘미라 할 수 있다.

② 오징어의 이토즈쿠리

오징어나 한치회를 가늘게 썰어 먹기 위해 썰기도 하지만, 이것을 이용한 무침요리에 이용하는 경우도 있다. 오징어가 두꺼운 경우 옆으로 칼을 넣어 두 장으로 쪼개어 썰 수도 있다. 오징어를 이토즈쿠리할 때에는 오징어의 육질이 끈적하므로 칼날이 잘 손질되어 있어야 하며, 숙련된 칼 솜씨로 단숨에 당겨 썰어야 오징어 살이 밀리지 않고 가지런히 썰어진다.

오징어를 이토즈쿠리하는 것은 오징어를 이용한 생선초밥에도 응용된다. 오징어를 가늘게 썰어 초밥 위에 가지런히 올려놓고 이것을 김으로 말아주면 오징어가 씹히는 느낌이 색다르게 느껴진다. 또한 오징어의 세공초밥이나 생선회의 장식에도 다양하게 사용될 수 있으며 그 굵기를 조절하여 여러 가지 질감의 변화를 줄 수도 있다. 이 역시 오랜 연습과 노력으로 숙련된 칼 솜씨를 지녀야만 가능한 일이다.

5) 가와시모즈쿠리(皮霜作り ; かわしもづくり) – 껍질을 데쳐 낸 사시미

도미와 같이 껍질에 지미성분이 있는 생선의 경우, 껍질을 벗기지 않고 사용하는 것이 맛과 질감이 좋아서 사용하는 방법이다. 껍질이 질기므로 뜨거운 물을 부었다가 바로 찬물에 식혀 부드럽게 해서 물기를 제거한 후에 써는 방법으로, 껍질의 맛을 즐기는 목적 외에도 생선회의 색이나 모양을 내는 효과와 도미 표면의 살균효과도 거둘 수 있는 장점이 있다. 큰 생선보다는 1kg 내외의 비교적 작은 생선이 사용되는 경우가 많다.

※ 왜 가와시모(皮霜)라고 하는가?

껍질에 뜨거운 물을 부으면 표면이 열반응에 의해 오그라든다. 이것을 바로 얼음물에 넣으면 표면에 열로 인해 녹아나온 생선의 지방성분이 급속히 냉각응고되면서, 흰색의 작은 결정체가 껍질의 무늬마다 자리 잡게 된다. 이것이 마치 껍질(皮)에 서리(霜)가 내린 것처럼 보인다고 해서 붙여진 이름이다.

가와시모하여 썰어놓은 도미회

6) 유비키(湯引き ; ゆびき)

바다장어(아나고, 하모), 참치 등의 다랑어류의 붉은살 등 비교적 육질이 부드러운 생선의 경우 열탕에 살짝 데쳐 표면만 익혀서 만드는 방법으로, 색의 변화를 느낄 수 있도록 함과 동시에 맛에서 보통 생선회와는 다른 느낌을 주는 데 그 목적이 있다.

※ 유비키를 함으로써 얻을 수 있는 장점

① 표면의 소독효과 : 생선 표면의 식중독균 살균
② 시각적인 효과 : 생선회 겉과 속의 색 차별
③ 맛의 변화 : 표면 열화로 인해 색다른 질감과 느낌 제공

유비키한 참치를 중심으로 담아낸 모둠회

아나고(붕장어)의 유비키

7) 다타키(叩き ; たたき)

전갱이, 정어리, 가쓰오 등과 같은 생선의 껍질을 칼로 두들겨, 표면에 생강즙 등을 얹어낸 것. 또한 가쓰오다타키의 경우, 야키시모(焼霜)하여 히라즈쿠리(平作り)한 것에 마늘, 파, 생강즙을 올려낸 요리를 말한다. 칼의 등이나 손으로 두들겨 맛이 나게 한다는 의미를 담고 있다.

※ 다타키

생선 위에 올리는 재료를 칼로 다져 올렸다는 데서 붙여진 이름으로 알려져 있다. 가쓰오나 정어리 등의 등푸른생선 또는 특별한 냄새가 우려되는 생선재료에는 실파와 함께 생강을 다져서 올려내기도 한다.

야키시모한 삼치의 다타키요리

8) 아라이(洗い ; あらい)

잉어, 농어, 도미 등의 살아 있는 흰살생선을 얇게 썰어서 얼음물로 씻어낸 것을 말하며, 육질이 수축되고 지방이 빠져나가 다소 쫄깃한 식감과 담백한 맛을 느낄 수 있다. 특히 농어의 아라이는 여름철 생선회의 별미로 꼽히고 있으며, 농어의 쫄깃한 질감과 스미소(초된장)가 어우러지는 맛이 일품이다.

스미소

된장, 식초, 미림, 청주, 다시, 설탕

농어의 아라이와 스미소

9) 야키시모즈쿠리(燒霜作り ; やきしもづくり)

가쓰오나 도미, 놀래미 등 겉표면에 지방의 함량이 높은 생선이나 쇠고기 등의 재료를, 꼬치에 꽂아 표면만 강한 불에 살짝 구워 썰어내는 방법으로, 간단히 야키시모(燒霜)라고도 한다. 마치 스테이크의 레어(rare) 정도의 익히기로 하면서 내부는 차갑게 하여 특별한 느낌이 들게 한다. 단시간 내에 직화구이함으로써 불에 닿은 풍미를 느낄 수 있으므로, 고급요리에서는 숯불을 사용하기도 하며, 구운 직후 바로 냉수에 담갔다가 물기를 제거하는데, 생선의 경우 껍질을 벗기지 않고 행한다.

생선을 야키시모함으로써 얻을 수 있는 효과로 유비키와 마찬가지로 표면의 소독효과, 시각적인 효과, 맛과 질감의 효과 등으로 나타난다.

삼치의 야키시모즈쿠리

10) 고부지메(昆布じめ ; こぶじめ)

생선을 다시마에 재워두었다가 썰어낸 것으로, 생선이 숙성되면서 다시마의 지미성분을 흡수하여 더욱 맛난 맛을 나게 한다. 광어 · 도미 등의 흰살생선이나 키조개, 오징어 등에 소금을 살짝 뿌려 다시마로 말아 눌러둔다. 재료의 종류나 특성에 따라 2~5시간 정도 두었다가 사용한다. 여기에는 사진과 같이 보통의 다시마를 사용하기도 하지만, 고부지메 전용으로 처리된 다시마를 사용할 수도 있다. 이렇게 고부지메된 생선은 쫄깃거리는 질감이 다소 떨어지지만, 부드러운 생선살의 느낌과 생선에 감칠맛을 더해주어 깊은 고소한 맛을 내주는 특성이 있다. 따라서 고부지메는 모둠생선회에 사용하기보다는 일품요리나 젠사이, 진미요리 등에 사용되는 경우가 더욱 많다.

흰살생선살의 고부지메

키조개살의 고부지메

11) 세고시(背越し ; せごし)

작은 생선을 뼈까지 통째로 가늘게 썰어낸 것으로, 아라이해서 사용하기도 하며 전어, 가자미 등의 생선을 사용한다. 생선의 머리와 내장을 제거하고 꼬리만 남기고 모두 썰어서 사용한 것이므로 생선의 뼈와 살이 같이 씹히면서 고소한 맛을 낸다. 생선에 따라 식초로 만든 소스에 헹구는 경우도 있으며 스미소를 곁들이기도 한다. 한국에서는 초고추장이나 막장과 함께 내는 경우가 많다.

① 전어의 세고시

② 가자미의 세고시 즈쿠리

보통의 세고시가 머리 쪽에서 통째로 시작하지만, 아래의 사진과 같이 지느러미 쪽에서도 세고시가 가능하다. 이 경우 중앙의 두꺼운 가시가 없이 가는 가시만 짧게 들어가 있어 색다른 세고시의 느낌을 즐길 수 있다. 소스로 와사비 간장보다는 폰즈에 야쿠미를 곁들이는 것이 더욱 좋다. 하지만 이 경우에도 세고시에는 큰 생선을 사용할 수 없고, 비교적 작은 생선만 사용해야 하는 것에 명심하기 바란다.

12) 다양하게 응용된 모양의 생선회 썰기

① 광어 칼집 넣은 사시미

자연산 광어가 부드럽게 씹히도록 칼집을 깊게 넣어 생와사비를 얹어낸 모습

② 광어김말이 사시미

광어회에 김의 향과 멋을 더해준 모습

③ 광어새우말이

아마에비(甘蝦；あまえび, 단새우)를 광어로 말아낸 모양. 시소를 넣어 상큼함을 더해준다.

④ 흰살생선 모둠

히라메(平目；ひらめ, 광어), 엔가와(縁側；えんがわ, 광어지느러미와 살코기 사이의 언저리살. 쫄깃하고 감칠맛이 있음), 다이(鯛；たい, 도미), 부리(鰤；ぶり, 방어)

광어의 바닥면과 윗면의 살부분을 양쪽에 담았고, 가운데 도미의 가와시모즈쿠리로 질감을 높였다. 방어의 지방질과, 엔가와의 씹힘성이 좋은 조화를 이루고 있다.

13) 즈와이가니(ズワイ蟹；ズワイかに) 사시미 - 대게회

대게는 다리가 떨어져 나간 것이 많을수록 가치가 떨어지며, 선도가 중요하다.

신선한 대게의 다리살이 상하지 않도록 껍질을 살짝 깨어 분리시켜, 얼음물에 담갔다가 건져서 접시에 얼음을 깔고 담아낸다.

얼음에서 차가워진 살이, 꼬들꼬들해지면서 식감과 맛이 살아난다.

14) 아카나마코(赤海鼠 ; あかなまこ, 홍해삼)

표면에 붉은색이 감도는 색의 홍해삼은 해삼 중에서도 으뜸상품에 속해 가격도 비싸다. 그만큼 고객들도 품질을 인정하기 때문에 값비싼 생선회 요리에 곁들여 나가게 된다.

배를 따고 스지를 분리하여 얇게 저며 썰어내도록 한다.

15) 해산물 모둠

16) 방어(鰤 ; ぶり)뱃살

겨울이 제철인 방어의 뱃살. 지방분이 많아 참치의 대뱃살보다 맛이 좋다고도 하며, 와사비를 많이 곁들여 먹어도 맵지 않게 느껴진다.

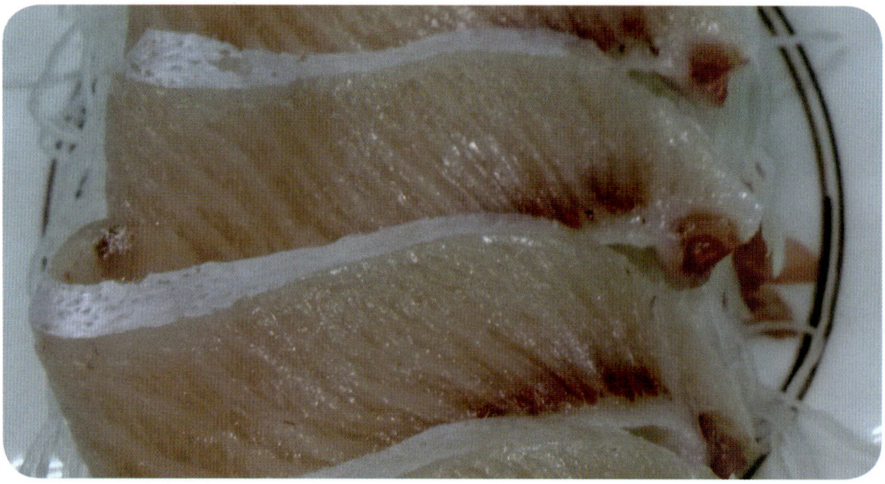

17) 민어(にべ)회

민어를 우리는 여름철 보양식처럼 회, 전, 매운탕 등으로 사용하지만, 일본에서는 회, 구이 등으로 일부 이용되고, 대부분 연제품의 원료로 사용되기도 한다. 그래서 일본에서는 보기 힘든 메뉴이지만, 한국에서는 자주 볼 수 있으며, 가격도 비싸다.

18) 도로시소말이

참치의 도로에 시소를 넣어 말아낸 사시미

초생강과 양파 등을 속재료로 사용하고 와사비를 곁들인다.

와사비(山葵) : 고추냉이

평지과의 다년생식물로 차갑게 흐르는 물(10~13℃) 속에서 재배되는 것이 최상품이다. 특유의 매운 맛은 와사비오일이라는 정유성분에 의한 것이며 뿌리로 갈수록 강하다. 쌀밥과 잘 어울리며 채소의 절임에도 이용되지만, 생선회나 초밥에 사용되는 경우가 가장 많다. 분말의 제품, 갈아서 냉동유통하는 제품, 통째로 냉장 또는 냉동상태로 유통되는 제품이 있는데, 갈아서 바로 먹을 때가 가장 맛이 좋으며, 강판에 간 것을 칼로 두드리면 매운맛이 더욱 강해진다.

▲ 강판에 간 와사비

▲ 와사비

3 시루모노(汁物 ; しるもの) – 국

일본요리 메뉴에서의 국은 단지 일품요리로서뿐만 아니라, 다른 요리의 맛을 한층 더 깊게 느끼게 하는 역할도 한다. 다시(국물), 완다네(주재료), 완쓰마(부재료), 스이구치(향미재료) 등의 네 가지 구성요소로 되어 있으며, 국의 뚜껑을 여는 순간 계절감을 느낄 수 있어야 한다.

(1) 시루모노의 종류

1) 스이모노(吸い物 ; すいもの) – 맑은국

엷은 간의 맑은국으로 우수구치(薄口)간장으로 색을 연하게 내며, 소금으로 약하게 간을 한다. 주재료로 쓰이는 완다네(碗種)에 따라 스이모노의 이름이 다르게 붙여지며, 은은한 재료의 향으로 입맛을 환기시키는 역할을 한다. 이를 위하여 비교적 냄새가 나지 않는 재료를 이용한다. 도미머리 맑은국, 대합 맑은국 등이 대표적이다.

맑은국은 스이모노(吸物 ; すいもの), 또는 스마시지루(清し汁 ; すましじる)라 불리며, 다음의 네 가지 구성요소로 되어 있다.

① **다시**(出し ; だし)
국물–다시마나 가쓰오부시 다시에 소금과 간장으로 간을 한 것

② **완다네**(椀種 ; わんだね)
주재료–냄새가 없는 수조어개류(獸鳥魚介類), 알, 채소 등

③ **완쓰마**(椀妻 ; わんつま)
부재료–주재료와 맛과 배색 따위의 조화가 잘되는 채소 등

④ **스이구치**(吸い口 ; すいぐち)
향기재료–산초, 생강 등 계절 향을 나타낼 수 있는 재료

2) 우시오지루(潮汁 ; うしおじる) – 소금 맑은국

소금으로만 간을 한 맑은국으로, 가쓰오부시를 이용하지 않고 선도가 좋은 어패류를 이용하여 냉수를 끓여 뽑아낸 것을 말한다. 재료가 가지고 있는 맛을 그대로 살려 소금과 술만으로 조미를 하며, 간단히 우시오(潮)라고도 한다. 도미머리를 이용한 것이 대표적이며, 농어나 대합 등을 사용하기도 한다.

3) 슷폰지루(鼈汁 ; すっぽんじる) – 자라국

자라의 고기, 구운 떡 등을 그릇에 넣어 자라에서 뽑은 국물을 부어낸 것으로, 실파와 생강 등을 스이구치(吸い口)로 이용한다. 자라국물은 자라 손질한 것을 시모후리(霜降)하여 엷은 가죽을 벗긴 다음, 물과 술, 다시마를 넣어 아쿠(灰汁)를 거둬내면서, 끓기 시작하면 다시마를 건져내고 자라를 끓여 걸러낸다.

4) 미소지루(味噌汁 ; みそじる) – 된장국

된장을 이용한 국물요리로서 된장의 종류, 계절에 따라 조리법이 다르며, 다시는 멸치다시, 다시마다시, 가쓰오부시다시(鰹節出汁) 등을 이용한다. 재료는 육류, 어패류, 채소류 등 어떤 재료라도 사용이 가능하며, 된장을 오래 끓이면 향을 잃고 맛이 떨어진다.

5) 도로로지루(薯蕷汁 ; とろろじる) – 참마장국

산마를 갈아 넣은 국물요리로서, 산마의 껍질을 벗겨 강판에 갈아 스리바치(擂鉢)로 점성을 강하게 하여, 맑은국이나 된장국에 넣은 것을 말한다. 미역이나 순채, 실파 등을 겸용한다.

6) 카스지루(粕汁 ; かすじる) – 술지게미장국

술지게미를 넣어 만든 된장국으로 염장한 생선과 채소를 술지게미에 넣어 끓인 후 걸러낸 것을 말한다. 차갑게 먹는 것이 좋으며, 연어 · 방어 · 정어리 등의 염장품의 머리를 이용하며, 무, 당근, 곤약, 유부 등을 재료로 사용한다. 염장된 생선을 사용하므로 별도의 조미는 불필요하나, 싱거운 경우 소금이나 된장을 넣고, 야쿠미(藥味)로는 시치미토가라시(七味唐辛子)를 뿌려준다.

(2) 시루모노의 조리

1) 스이모노(吸い物 ; すいもの) – 맑은국

① 마쓰타케 스마시지루(松茸清し汁 ; まつたけ すましじる) – 송이 맑은국

재료

자연송이, 전복, 에다마메, 무순

조리법

❶ 콩을 삶아 체에 내려 완자를 만든 후 찜통에 쪄서 식힌다.

❷ 송이와 전복을 슬라이스하고, 핫포다시에 넣어 끓인다.

❸ 무순을 넣어 완성한다.

② 하마구리스이모노(蛤吸い物 ; はまぐりすいもの) – 대합 맑은국

재료

대합, 죽순, 쑥갓, 레몬, 다시, 청주, 소금, 간장

조리법

❶ 대합을 해감시키고 죽순은 삶아 슬라이스해 둔다.

❷ 냉수에 다시마와 대합을 삶아 간장과 소금, 청주로 간을 한다.

❸ 죽순을 넣고 쑥갓과 레몬으로 장식하여 낸다.

4 야키모노(焼物 ; やきもの) – 구이요리

불을 사용하여 재료를 구운 것을 말하며, 주로 생선구이를 일컫는 경우가 많다. 직접 열을 가해 굽는 직화구이와 간접적으로 냄비나 팬, 은박지 등을 통하여 열을 전달받아 굽는 간접구이로 나눌 수 있으며, 조미하는 방법에 따라 분류하기도 한다. 불의 조정은 강한 불의 먼 곳에서 굽는 것이 이상적이고, 일반적으로 표면을 먼저 굽는 경우가 많지만 불의 방향에 따라 달라지며, 표면과 내부의 비율을 3 : 7로 구우면서 표면의 색이 충분히 나도록 한다.

구이요리를 할 때 데리야키소스나 양념을 바르면서 굽는 경우 재료를 먼저 양념구이하여 모두 익혀낸 후에 양념이나 소스를 발라 맛과 색이 스며들게 한다. 이때 타지 않도록 주의해야 하며 양념에 재웠던 재료는 물로 살짝 씻으면 이를 방지할 수 있다.

다음은 이런 야키모노의 방법을 분류하여 표로 나타낸 것이다.

야키모노의 분류

분류	구이방법
지카야키 – 직화구이 ; 불에 직접 닿게 구이한 것	시오야키 ; 소금을 뿌려 구운 것 데리야키 ; 데리야키소스를 발라 구운 것 쓰케야키 ; 양념에 재워 구운 것(미소야키, 유안야키) 버터야키 ; 버터를 넣어 볶거나 구워낸 것 기미야키 ; 구워서 난황 등을 이용하여 색을 낸 것 스가타야키 ; 생선의 움직임 모양을 살려 구운 것
간세쓰야키 – 간접구이 ; 불에 간접적으로 구이한 것	쓰즈미야키 ; 호일 등으로 포장하여 구운 것 호로쿠야키 ; 도나베에 소금을 깔아 구워낸 것
기타	오코노미야키 ; 팬이나 철판에 부쳐낸 것

(1) 지카야키(直火焼き ; じかやき) – 직화구이

1) 시오야키(塩焼き ; しおやき) – 소금구이

생선을 소금에 절이거나 뿌려서 생선의 냄새를 없애고, 수분을 흡수하여 단단히 응고되도록 하여 구운 것으로, 통째로 구울 때는 지느러미가 타지 않도록 소금을 듬뿍 발라서 굽기도 한다. 이것을 게쇼시오(化粧塩–화장소금)라고 한다. 시오야키에는 도미소금구이, 삼치구이, 연어구이 등이 대표적이고, 게쇼시오는 작은 도미나 은어 등에 적용된다.

재료

각종 생선재료, 소금, 레몬 또는 스다치, 곁들임재료

조리법

❶ 생선을 용도에 맞게 손질하여 소금을 뿌리거나 발라준다.

❷ 타지 않도록 양면구이한다.

❸ 곁들임재료로 장식하여 낸다.

머리 소금구이를 중심으로 한 모둠구이요리

① 시샤모구시야키(柳葉魚串焼；ししゃもくしやき, 바다빙어의 일종) – 열빙어 소금구이

❶ 시샤모 지느러미와 머리에 소금을 듬뿍 묻혀준다.

❷ 구시(꼬챙이)로 헤엄치는 듯한 모양으로 생선을 꿰어준다.

❸ 타지 않도록 야키바(焼き場；やきば, 어소기(魚燒機. salamander))에 양면구이한다.

❹ 곁들임으로 호박찜과 은행구이를 담아낸다.

❺ 레몬을 곁들여도 좋다.

② 아마다이 시오야키(甘鯛塩焼き；あまだいしおやき) – 옥돔소금구이

❶ 건옥돔을 해동시켜 준비한다.

❷ 야키바에 양면구이하여 준다.

❸ 머리와 꼬리가 타지 않도록 호일로 감싸주면서 굽는다.

❹ 다 익은 후에 표면에 미림을 흥건하게 발라 불에 잠깐 굽는다.

❺ 미림이 살짝 끓을 때 꺼내어 레몬과 함께 담아낸다.

2) 데리야키(照り焼き；てりやき) – 양념간장구이

어패류나 수조육류를 잘라 구워서 데리(照り)를 발라 색과 간을 낸 것으로서, 요리용 붓으로 데리를 발라가며 굽는다. 데리는 각 재료의 뼈를 이용하여 간장과 술, 설탕, 미림 등으로 조려낸 것을 사용한다. 도미구이 · 장어구이 · 닭고기구이 · 쇠고기간장구이 등이 있다.

재료

생선 또는 구이 재료, 간장, 다시, 청주, 설탕 등

조리법

❶ 데리 : 다시 1컵에 간장, 청주, 설탕을 각 2Ts씩 넣고 양이 반감되도록 조린다. 데리의 용도에 따라 재료의 뼈를 노릇하게 구워 같이 조려서 사용하는 것이 좋다.

❷ 초벌구이 : 양면을 노릇하게 속이 익도록 굽는다.

❸ 양념구이 : 표면에 색이 적당히 나도록 2회 정도 발라주며 굽는다.

❹ 호텔장어데리 : 다시 400cc, 간장 150cc, 갱엿 0.5kg, 설탕 0.2kg, 계피 10g, 감초 30g, 무 150g, 양파 1/2개, 당근 1/4개, 홍고추 5개, 대파 2뿌리(구워서 넣을 것)

① 장어구이

❶ 뼈와 내장을 발라내어 손질된 장어를 야키바에 굽는다.

❷ 양면이 다 익은 다음, 준비된 대리를 발라 굽는다.

❸ 2~3회 반복하여 색을 내며, 타지 않도록 주의한다.

❹ 하리쇼가를 곁들여 담아낸다.

❺ 장어초밥이나 장어덮밥에 사용한다.

❻ 장어초밥은 니기리즈시로 하거나 호소마키로 담아낸다.

❼ 장어덮밥의 경우 뜨거운 백반 위에 장어를 통째로 올려놓기도 하지만, 요즘은 한입 크기로 썰어서 담아내는 추세이다.

② 장어철판구이

❶ 생강을 가늘게 채썰어 물에 헹구어 하리쇼가를 준비한다.

❷ 장어 데리를 준비한다.

❸ 철판을 불에 달구어놓는다.

❹ 장어를 야키바에 양면구이한다.

❺ 양면구이한 장어에 데리를 바르고 철판 위에 얹는다.

❻ 데리를 부어 살짝 조려낸다.

③ 우나기자킨즈시(鰻茶巾寿司-うなぎちゃきんずし)

❶ 장어를 데리야키하여 둔다.

❷ 초밥을 버무려둔다.

❸ 비닐랩을 깔고 장어를 놓은 다음, 그 위에 밥을 얹는다.

❹ 비닐랩을 동그랗게 잡고 조여준다.

❺ 같은 크기로 반복하여 3개를 완성하여 담아낸다.

④ 장어덮밥

❶ 장어를 데리야키한다.

❷ 밥을 담고 데리를 뿌린 다음 장어 데리야키한 것을 얹는다.

❸ 한 번 더 데리를 장어 위에 뿌려준 다음, 하리쇼가를 곁들여 완성해 낸다.

⑤ 메로(メーロ, 비막치어)구이

❶ 메로를 손질하여 우스시오(약한 소금)에 절여둔다.

❷ 생강대를 손질하여 아마스에 절여둔다.

❸ 곁들일 재료들을 준비하여 둔다.

❹ 메로를 적당한 크기로 썰어 굽는다.

❺ 양면을 바짝 구워낸 다음 데리를 바른다.

❻ 데리를 3회 정도 바르면서 구워 곁들임재료와 함께 담아낸다.

3) 쓰케야키(漬け焼き ; づけやき) – 조미구이

① 사이쿄야키(西京焼き ; さいきょやき) : 미소야키(味噌焼き ; みそやき) – 된장구이

서경지방의 된장을 미림 등으로 양념하여 그 안에 생선을 절였다가 굽는 것으로서 삼치, 병어 등의 구이에 자주 이용된다. 된장을 희석시켜 양념하여 만든 것에 생선을 담갔다가 사용하는 것으로, 생선에 된장의 맛과 향이 배면서 생선의 비린내가 사라지며 감칠맛이 나게 된다.

② 삼치 된장구이

재료

생선재료(삼치, 병어, 도미 등), 된장, 미림, 설탕, 청주, 레몬 또는 스다치

조리법

❶ 조미된장 만들기(된장 200g, 미림 40cc, 설탕 30g, 청주 100cc, 레몬즙 약간)

❷ 생선을 손질하여 거즈행주로 싸서 양념된 된장에 5시간 이상 간이 배게 한다.

❸ 양념이 밴 생선을 꺼내 물에 된장을 씻어낸 다음 양면구이하여 낸다.

③ 유안야키(幽庵焼き；ゆうあんやき) – 유자간장구이

유안즈케라고도 하며, 북촌유암(北村幽庵)이 창안했다고 해서 붙여진 이름이다. 간장에 술, 미림 등을 섞어 유자를 와기리(輪切り)하여 넣은 것에, 생선을 담가 절였다가 구운 것을 말한다. 유자가 없는 계절에는 레몬이나 스다치(すだち) 등을 사용하기도 한다.

재료

유자, 생선재료, 간장, 다시, 미림, 청주

조리법

❶ 생선을 손질하여 약 80g 정도의 크기로 자른다.

❷ 유안지(간장 3, 미림 2, 청주 1, 유자–스다치나 레몬 대체 가능)에 담가둔다.

❸ 생선을 꺼내 물로 살짝 헹구어 타지 않도록 약한 불에 구워낸다.

▲ 옥돔을 유안지에 담근 모습

▲ 옥돔 유안야키 구이

④ 양념구이 모둠

재료

장어, 새우, 메로, 달걀, 연근, 우엉, 쇠고기, 키조개살, 검정깨, 파슬리, 소국화꽃

조리법

❶ 장어와 새우를 이용하여 하카다무시(博多蒸し)하여 둔다.

❷ 메로는 썰어서 미소쓰케야키(된장구이)하여 둔다.

❸ 달걀은 삶아서 체에 내려(우라고시) 물감을 들여 2단으로 색을 내어 찐다.

❹ 우엉은 속을 파서 양념한 쇠고기를 넣어 찐다.

❺ 연근은 삶아 꽃모양을 내어 아마스에 담가 물감을 들인다.

❻ 키조개는 소금구이(또는 버터구이)하여 검정깨를 뿌려낸다.

❼ 재료를 색상과 모양에 맞추어 담아 꽃과 파슬리로 장식하여 낸다.

4) 바타야키(バター焼き) – 버터구이

① 햄 전복 버터구이

재료

햄, 전복, 피망, 당근, 양파, 버터, 후추, 간장, 상추, 토마토, 폰즈, 레몬

조리법

❶ 손질된 전복과 햄을 슬라이스한다.

❷ 피망, 당근, 양파를 한입 크기로 썬다.

❸ 팬을 달구어 버터를 두른 후 재료를 볶는다.

❹ 후추와 간장으로 간을 하고, 청주로 마무리한다.

❺ 상추를 깔고 먹음직하게 담아낸다.

❻ 토마토 등으로 장식하여 낸다.

❼ 폰즈소스에 레몬을 띄워 곁들인다.

② 전복의 버터구이

재료

전복, 버터, 간장, 스다치, 깻잎

조리법

❶ 전복을 손질하여 내장과 살을 분리하여 낸다.

❷ 전복에 칼집을 넣은 후, 전분을 묻혀 살짝 튀겨낸다.

❸ 팬을 달구어 버터를 두른 뒤 전복을 구워낸다.

❹ 간장을 약간 넣어 마무리한다.

❺ 도톰하게 썰어 전복껍질에 담아낸다.

❻ 깻잎과 스다치로 장식하여 낸다.

5) 기미야키(黃身焼き ; きみやき) – 황금구이

난황에 소금과 미림 등을 넣은 것을, 오징어나 흰살생선 등의 구이에 발라 색을 낸 것으로, 바른 면이 타지 않고 마른 정도로 노란색이 나도록 하는 것에 주의한다. 난황 대신 성게알을 이용한 것은 우니야키(雲丹焼き)라고 하며 흰살생선, 오징어, 새우 등의 구이에 사용된다. 전채요리인 젠사이나 안주요리에 활용된다.

재료

흰살생선 또는 오징어살, 난황 또는 성게알, 꼬치

조리법

❶ 준비된 생선의 살을 손질하여 사진과 같이 꼬치로 꿴다.

❷ 양면구이한 후 칼집을 넣은 바깥 면에 난황(또는 성게알)을 바른다.

❸ 3~4차례 발라가며 구워낸다.

▲ 생선살을 꼬치에 꿴 모습

6) 스가타야키(姿焼き ; すがたやき) – 통구이

생선이 살아서 헤엄치는 모습처럼 꼬치를 꿰어 굽는 것으로, 은어, 도미 등이 대표적이다. 소금구이에 해당되지만 물고기가 헤엄치는 듯한 모양이 나도록 쇠꼬챙이(金串)를 꼬치로 꿰어서 생선의 모양을 활기 있게 만들어주는 특성이 있다. 주로 작은 크기의 생선구이에 적당하며, 열효율을 높이기 위해 몸통에 칼집을 넣어주기도 한다. 지느러미에 게쇼시오(化粧塩 ; 화장소금)하여 소금을 듬뿍 발라주면 지느러미가 타지도 않을뿐더러, 완성된 후에 소금이 구워진 형태와 색상이 요리를 돋보이게 해준다.

사요리(학꽁치)의 스가타야키

메바루(볼락)의 스가타야키

(2) 간세쓰야키(間接焼き；かんせつやき) – 간접구이

1) 쓰즈미야키(包焼き；つづみやき, ホイル焼き) – 포장구이, 호일구이

포장구이방법 중 하나로 알루미늄호일로 재료를 포장하여 간접구이하는 것을 말한다. 전복 등의 고급재료나 조개류 등을 넣고 버터나 소금, 후추 등으로 간을 하여 굽는다.

재료

전복, 새우, 조개, 은행, 밤, 버터, 맛소금, 후추, 스다치 또는 레몬, 알루미늄호일

▲ 알루미늄호일로 포장한 재료

조리법

❶ 재료들을 각각 손질하여 알루미늄호일에 담는다.

❷ 맛소금과 후추를 뿌리고, 버터와 같이 포장한다.

❸ 알루미늄호일째 야키바에 올려놓고 굽는다. 팬을 사용해도 된다.

❹ 꺼내서 접시에 장식하여 담아낸다.

2) 호로쿠야키(炮烙焼き ; ほうろくやき) – 질냄비구이

질그릇 냄비 위에 소금과 솔잎을 깔고, 새우, 대합, 흰살생선, 버섯, 밤, 은행 등을 얹은 후, 뚜껑을 덮어 굽는다. 소금을 통해 전해진 간접열과 소금의 향취가 재료에 배게 되며, 청주를 곁들여 구우면 더욱 좋다.

재료

옥돔(또는 흰살생선), 새우, 전복, 백합조개, 은행, 스다치, 솔잎, 소금, 청주

조리법

❶ 새우는 내장을 제거하고 조개는 해감을 토해내게 한다.

❷ 은행과 밤은 속껍질을 벗기고, 전복은 손질하여 둔다.

❸ 질그릇 냄비 위에 소금과 솔잎을 깔고 재료들을 가지런히 담는다.

❹ 뚜껑을 덮어 은은한 불에 10분 정도 구운 다음 스다치와 폰즈를 곁들여낸다.

3) 오코노미야키(お好み焼き；おこのみやき)

오코노미야키란 물에 밀가루, 난황, 고기, 새우, 오징어, 채소 등을 넣어 철판에 구우면서 먹는 요리로서, 좋아하는 재료를 마음대로 넣어 부치는 형식이 한식의 빈대떡이나 파전과 유사하다고 할 수 있다. 반죽의 점성을 위해 마즙을 갈아 넣고 양면구이한 다음 가쓰오부시를 곁들이고 특유의 소스를 뿌려 먹는다.

재료

양배추, 칵테일새우, 오징어, 베이컨, 산마, 부침가루, 숙주나물, 가쓰오부시, 마요네즈, 데리야키소스

조리법

❶ 기본반죽(냉수, 간장, 소금, 식용유, 박력분 밀가루, 산마즙, 난황)을 만들거나 부침가루를 물에 개어놓는다.

❷ 곁들일 재료를 손질한다(양배추, 새우 등).

❸ 기본반죽에 재료들을 섞어준다.

❹ 팬을 달구어 기름을 바르고 양면으로 부친 다음 소스와 가쓰오부시를 얹어낸다.

4) 게소야키(げそ焼き, 갑오징어 다리구이)

갑오징어의 다리를 “게소”라고 부르며, 한자표기는 달리 없다. 구워서 그냥 먹기도 하고 초밥의 재료로 활용하기도 한다.

2) 후쿠메니(含め煮；ふくめに)

다량의 재료에 연한 맛을 내기 위해, 약한 불에서 장시간 조리는 것으로, 밤이나 콩 등을 달게 조릴 때 사용하는 조림방법이다. 국물이 너무 조려지거나 타지 않도록 불조정과 다시의 농도에 유의해야 한다.

3) 요시노니(吉野煮；よしのに)

갈분이나 전분을 이용하여 걸쭉하게 한 것으로, 담백한 흰살생선의 조리에 이용된다. 재료에 갈분을 넣어 끓이는 방법과 요리에 구즈앙(葛餡)을 덮어주는 방법이 있다. 약어로 구즈니(葛煮)라고도 한다.

4) 이타메니(炒め煮；いために)

재료를 기름에 볶아 조려서 조미한 것을 말하며, 재료를 기름에 미리 볶음으로써 재료의 맛이 빠져나가지 못하도록 하는 효과가 있다. 또한 깊은 맛을 내는 요리가 되도록 하기도 한다. 우엉을 잘라 볶아서 조린 긴피라고보(金平牛蒡)가 대표적이다.

5) 미소니(味噌煮；みそに)

된장에 물이나 다시를 섞어 재료에 설탕, 술 등을 넣어 조린 것으로, 재료를 적당한 크기로 잘라 된장으로 진한 맛을 낸 조림요리를 말한다. 된장은 냄새를 제거하는 효과가 있으므로 정어리, 고등어, 전갱이 등의 등푸른 고지방 생선의 요리에 적합하며, 잉어 등의 담수어나 대합, 굴 등의 조리에 이용되기도 한다.

6) 간로니(甘露煮；かんろに)

주로 은어, 붕어, 잉어 등의 담수어에 간장, 미림, 설탕, 물엿 등을 넣어 색이 나도록 조려낸 것. 또는 밤이나 유자 등을 설탕과 물엿으로 달게 조린 것을 말한다.

재료에 단맛이 강하게 배게 함으로써 식품의 변질을 방지하는 효과도 있고, 음식의 맛을 좋고 부드럽게 만들어주기도 한다. 또한 간자오가 섞여 재료의 빛깔을 좋게 하고 음식에 광택을 부여해 주기도 하는 훌륭한 조림방법이다.

(2) 니모노의 조리

1) 도리우마니(鶏旨煮 ; とりうまに) – 닭고기채소조림

재료

닭고기, 감자, 연근, 우엉, 당근, 표고, 다시, 간장, 미림, 설탕, 청주

조리법

❶ 닭고기는 살을 발라내어 데친다.

❷ 채소재료를 한입 크기로 란기리하여 끓는 물에 데쳐놓는다.

❸ 재료를 팬에 넣고 볶다가 다시를 넣고 간을 하여 조린다.

❹ 조림간장 비율(다시 5, 간장 2, 설탕 1, 미림 1/2, 청주 1/2)

4) 생선조림

6 아게모노(揚物 ; あげもの) – 튀김요리

튀김요리는 다량의 기름을 통하여 식품에 열을 가한 것으로, 요리에 기름이 부착되어 있는 열량식이다. 기름은 정제한 식물성 기름을 사용하며, 튀기는 방법과 튀김옷의 모양에 따라 종류가 분류된다.

튀김요리의 분류

<table>
<tr><th colspan="4">튀김요리 방법의 분류</th></tr>
<tr><td rowspan="7">아게모노
(揚物)
튀김요리</td><td rowspan="5">고로모아게
(衣揚; ごろもあげ)
튀김옷을 입힌 튀김</td><td>덴푸라
(天婦羅; てんぷら)</td><td>고로모(衣)를 입혀 튀긴 것으로 대표적인 튀김요리</td></tr>
<tr><td>가키아게
(搔揚; かきあげ)</td><td>채소와 해산물을 썰어 섞어서 고로모로 반죽하여 튀김</td></tr>
<tr><td rowspan="3">가와리아게
(変揚 ; かわりあげ)
튀김옷이 다양한 것</td><td>하루사메아게
(春雨揚; はるさめあげ)
당면을 튀김옷으로 사용</td></tr>
<tr><td>도묘지아게
(道明寺揚; どうみょうじあげ)
곡물을 쪄서 튀김옷으로 사용</td></tr>
<tr><td>마쓰바아게
(松葉揚; まつばあげ)
생선을 비늘째로 튀김</td></tr>
<tr><td>스아게
(素揚; すあげ)
튀김옷이 없는 튀김</td><td colspan="2">재료 자체를 튀김옷 없이 그대로 튀기는 것</td></tr>
<tr><td>가라아게
(空揚; からあげ)
가루를 묻힌 튀김</td><td colspan="2">전분이나 밀가루를 묻혀서 튀기는 것</td></tr>
</table>

⑴ 아게모노의 종류

1) 고로모아게(衣揚 ; ころもあげ)

재료에 튀김옷을 묻히거나 담가 적혀서 튀기는 것으로, 변화를 주는 재료에 따라 맛과 모양과 이름이 다르다. 보통은 재료에 밀가루와 난백을 묻혀 튀김옷에 담그거나 묻혀서 튀긴다. 차소바, 소면, 당면 등을 튀김옷으로 사용하기도 하며, 무즙과 생강즙을 곁들인 덴쓰유(天汁)를 찍어 먹거나 소금을 첨가해 주기도 한다.

2) 덴푸라(天婦羅 ; てんぷら)

고로모아게 중의 하나로, 어류 · 채소류 등에 달걀, 물, 밀가루를 혼합하여 만든 튀김옷을 입혀서 기름에 튀겨낸 것. 일반적으로 무즙과 생강즙을 야쿠미로 하는 간장양념소스인 덴쓰유(天汁)에 담가 적셔서 먹는다. 덴푸라의 어원은 그 의견이 분분하나 포루투갈어의 temporas, 이탈리아어의 tempora에서 유래되었다는 설이 유력하다.

3) 가키아게(掻揚 ; かきあげ)

채소 및 해산물 재료를 채썰거나, 가쿠기리하여 고로모에 섞어 덩어리로 튀겨내는 것으로, 맛소금이나 덴쓰유를 곁들인다.

4) 가와리아게(変揚 ; かわりあげ)

튀김요리에서 튀김옷에 변화를 주어 튀긴 것을 말하며, 덴푸라고로모 이외의 튀김옷을 사용한 모든 튀김에 해당된다. 찐 찹쌀가루, 당면, 소면, 차소바, 파래 등의 다양한 재료를 묻혀서 튀긴다.

① 하루사메아게(春雨揚 ; はるさめあげ)
당면을 1cm 정도로 잘라 묻혀서 튀긴 것

② 도묘지아게(道明寺揚 ; どうみょうじあげ)
찹쌀을 쪄서 말려 가루낸 것을 묻혀서 튀긴 것

③ 마쓰바아게(松葉揚 ; まつばあげ)

생선의 비늘을 떼지 않고 튀겨 생선의 비늘이 솔방울처럼 일어나게 튀긴 것으로, 마쓰카사아게(松笠揚げ)라고도 한다.

5) 스아게(素揚 ; すあげ)

튀김옷을 묻히지 않고, 재료 그대로 튀겨낸 것으로, 재료의 색과 모양을 그대로 살려내는 것이 중요하다. 고열의 기름에 의해 재료의 모양에 변화가 생기지 않아야 하므로 너무 부드러운 재료는 적합하지 않다. 작은 생선, 감자 등의 재료가 적당하다.

6) 가라아게(空揚 ; からあげ)

재료에 밑간을 하거나 그대로 전분이나 밀가루를 묻혀 튀겨낸 것으로, 보통은 나중에 앙카케(餡掛け)를 곁들이는 경우가 많다. 어패류나 조류, 채소류 등을 재료로 이용하며, 조리의 전처리로서 튀겨놓는 경우도 있다.

7) 덴쓰유(天汁 ; てんつゆ)

덴푸라를 먹을 때 곁들이는 일종의 소스를 말한다. 다시에 간장, 미림, 설탕 등으로 간을 하여 끓여내는 것인데, 반드시 뜨겁게 서브되어야 한다. 고로모의 종류나 용도에 따라 변화를 준다. 덴다시(天だし)라고도 하며, 야쿠미(薬味)로는 무즙과 실파, 생강즙을 곁들여낸다.

(2) 아게모노의 조리

1) 가키아게(掻揚げ ; かきあげ) – 혼합튀김

재료

새우 1마리, 연근 1개, 표고 1개, 팽이버섯 1/2봉, 달걀 1개, 쑥갓 1잎, 은행 5알, 튀김가루 30g

조리법

❶ 새우, 연근, 표고, 팽이, 쑥갓은 은행알 정도의 크기로 썰어, 밀가루로 버무려놓는다.

❷ 달걀 노른자와 찬물로 튀김옷을 만들어 재료를 섞은 다음, 국자로 모양을 만들어, 기름에 떠넣은 뒤 저온에서 오랫동안 바삭바삭하게 튀겨낸다.

❸ 덴다시를 곁들인다.

① 한국호텔에서의 가키아게

재료

잔새우, 미나리, 양파, 오징어

조리법

❶ 각 재료를 먹기 좋게 가늘게 손질한다.

❷ 튀김가루를 재료에 묻혀준다.

❸ 고로모를 연하게 하여 재료에 버무려준다.

❹ 재료를 165℃ 기름에 넣어 튀긴다.

② 규슈지방에서 본 가키아게

재료

양파, 오징어, 새우, 깻잎(또는 시소), 고구마

조리법

❶ 양파, 고구마 등을 채썰기하여 준비한다.

❷ 새우는 내장, 머리, 꼬리, 껍질을 제거한다. 새우가 클 경우에는 반으로 쪼개어 사용한다.

❸ 오징어와 깻잎 등은 먹기 좋은 크기로 자른다.

❹ 각 재료에 밀가루를 묻혀둔다.

❺ 튀김가루와 박력분을 1:1로 섞어 약간 묽게 고로모(튀김옷)를 만든다.

❻ 고로모에 재료를 넣어 엉성하게 모양을 만든다.

❼ 젓가락이나 구멍난 국자로 재료를 떠서, 160℃의 기름에 넣어 튀긴다.

❽ 튀김옷이 묽으므로 기름온도가 과열되지 않도록 한다.

❾ 재료가 너무 치밀하게 뭉치면 반죽이 바삭하게 튀겨지지 않으므로, 재료 사이의 간격을 유지하면서 붙어 있도록 한다.

❿ 우동 위에 얹어내면 튀김우동이 된다.

2) 가와리아게(変り揚げ ; かわりあげ) – 변화튀김

춘권의 반죽을 채썰어 새우에 감아 튀긴 것으로 변화튀김 중 하나

재료

식용유, 춘권피, 새우, 달걀, 전분 또는 박력분, 스다치

조리법

❶ 춘권피를 가늘고 일정하게 채썰기한다.

❷ 새우의 내장을 제거하여 튀김용으로 손질하여 맛소금, 후춧가루로 밑간을 한다.

❸ 새우에 밀가루를 묻혀 달걀을 입히고 춘권피 썬 것을 말아 감아서 튀겨낸다.

3) 아게다시도후(揚出豆腐；あげだしとうふ) – 두부튀김

재료

연두부, 전분, 식용유, 간장, 설탕, 청주, 미림, 다시, 무즙, 실파, 생강, 김

조리법

❶ 연두부를 한입 크기로 잘라 물기를 제거해 둔다.

❷ 무를 강판에 갈아놓고, 실파를 잘게 썰어놓는다.

❸ 생강을 갈아놓고, 김은 하리노리하여 야쿠미를 담아놓는다.

❹ 간장 1, 다시 5, 설탕 1/3, 청주 1/3, 미림 1/3의 비율로 섞어 덴다시를 만든다.

❺ 두부에 전분을 묻혀 튀겨내고, 덴다시에 무즙을 풀어 야쿠미와 함께 낸다.

4) 에비텐푸라(蝦天婦羅 ; えびてんぷら) – 새우튀김

재료

새우, 냉이, 고구마, 파슬리, 레몬, 덴다시

조리법

❶ 새우의 껍질과 내장을 제거하고 마디마다 칼집을 넣는다.

❷ 고구마는 한입 크기로 썰고, 냉이를 적당한 크기로 손질한다.

❸ 튀김가루를 반죽하여 재료에 입혀 튀겨낸다.

❹ 접시에 담아 장식하고 덴다시를 곁들여낸다.

- 튀김가루와 냉수의 비율은 1 : 1이 이상적이지만 가루의 수분함량 등의 조건에 따라 물의 양이 다소 가감되는 경우가 많다. 반죽 후 걸쭉하고 부드럽게 주룩 흘러내릴 정도의 농도를 경험적으로 체득하도록 한다.

5) 스아게(素揚げ ; すあげ) – 가자미, 연근

재료

가자미, 은행, 연근, 스다치

조리법

❶ 가자미를 손질하여 칼집을 넣어 소금을 뿌려놓는다.

❷ 연근은 슬라이스하여 물로 씻어 물기를 제거한다.

❸ 두 가지 재료를 은은한 불에 재료 그대로 튀겨낸다.

❹ 연근은 그대로 맛소금을 뿌려낸다.

❺ 가자미는 전분으로 앙(あん)을 만들어 완성하기도 한다.

- 스아게는 그 자체만으로 요리가 되는 경우보다는 물 전분에 양념한 것을 끼얹어 완성하는 경우가 더욱 많다.

6) 마쓰카사아게(松笠揚；まつかさあげ) – 솔방울튀김

생선을 비늘째 튀겨낸 것으로 비늘이 일어나서 솔방울 같은 모양이 되도록 하였다 하여 붙여진 이름이다.

재료

도미, 식용유, 스다치

조리법

❶ 도미의 아가미와 내장을 제거한다.

❷ 물기를 닦아주고 기름의 온도를 은은하게 올려준다(160℃ 정도).

❸ 생선을 비늘째 넣어 속까지 익도록 튀겨낸다.

7) 덴푸라 스시(天婦羅寿司 ; てんぷら すし) – 튀김으로 만든 초밥

덴푸라를 튀겨 초밥재료로 사용하여 만들어낸 스시요리로서, 여기에서는 새우를 사용하였지만, 버섯, 생선, 기타 해산물 등을 이용하여 만들 수 있다. 기름에 튀겨진 재료를 초밥 위에 올려 새콤달콤한 초밥과 고소한 튀김의 특성, 그리고 재료의 맛이 어우러져 색다른 맛을 낼 수 있다.

재료

새우, 박력분, 튀김가루, 달걀, 김, 와사비, 초밥, 식용유

조리법

❶ 새우의 내장을 제거하고 머리와 꼬리, 껍질을 벗겨낸다.
❷ 보통은 차새우를 사용하며, 아마에비를 사용할 수도 있다.
❸ 달걀물과 밀가루, 튀김가루 등을 이용하여 고로모를 만든다.
❹ 기름온도를 165℃ 정도로 유지하며 새우를 튀겨낸다.
❺ 새우가 작을 경우 두 마리를 김띠로 둘러 튀기도록 한다.
❻ 차새우의 등을 갈아 펼쳐서 튀길 수도 있다.
❼ 초밥초에 버무린 초밥을 한입 크기로 만들어놓는다.
❽ 튀겨진 새우를 밥 위에 얹어 와사비를 곁들여낸다.
❾ 기름에 튀겨졌기 때문에 와사비를 곁들여도 별로 맵지 않게 느껴진다.

7 무시모노(蒸物 ; むしもの) – 찜요리

증기의 기화열을 이용하여 가열한 것으로, 타지 않으며 재료모양의 변형이 없다. 또한 맛과 향, 영양소의 파괴가 없으며, 조작도 간단하나 조미하기 어려운 점도 있다. 비교적 담백한 재료에 적당한 조리법이며, 찜요리에서 중요한 것은 역시 온도의 조절과 찌는 시간의 조절이다.

대개는 찜용 용기에 재료를 담아 무시키(蒸し器)에 넣어 찌게 되는데 무시키는 스테인리스나 알루미늄 재질로 되어 있으며, 3단 또는 4단까지 있다. 다량의 찜요리를 할 경우 시간이 지나면 상단의 것과 하단에 있는 것의 자리를 바꾸어 주어야 제품의 품질이 균일한 찜요리를 얻을 수 있다. 최근에는 조리기계가 발달하여 다목적용 컨벡션 오븐으로 찜요리를 하는 경우도 있다.

(1) 무시모노의 종류

무시모노는 재료나 찌는 방법에 따라 자완무시, 도빙무시, 신슈무시, 사쿠라무시, 사카무시, 겐친무시 등으로 분류될 수도 있지만, 무시모노에 사용하는 용기나 요리형태 또는 주재료에 따라 다음과 같이 분류할 수 있다.

무시모노의 분류

분류	종류	내용
사용하는 용기	자완무시 도빙무시	찻잔 형태의 도기를 이용 주전자 형태의 도기를 이용
사용하는 재료	사카무시 도로로무시 다마고도후 신슈무시	술(청주)을 매개체로 이용 산마즙을 주재료로 사용 요리가 연두부처럼 부드럽게 달걀을 사용 신슈지방의 특산물인 메밀을 사용
요리의 형태 및 방법	사쿠라무시 겐친무시	벚꽃과 같은 색을 냄 채소를 채썰어 사용

(2) 무시모노의 조리

1) 자완무시(茶碗蒸 ; ちゃわんむし) – 달걀찜

자기그릇에 넣어 만든 달걀 찜요리로, 속재료를 각각 간장과 소금 · 미림 등으로 간하여 익힌 것을, 다시에 달걀을 풀어 만든 달걀물에 담가서 쪄낸 것을 말한다. 재료로는 담백한 맛의 흰살생선과 닭고기, 새우, 어묵, 은행, 송이버섯, 밤 등을 이용하며, 아오미(青み)로는 미쓰바(三つ葉) 등을 이용한다. 달걀과 다시의 비율은 1 : 3이 일반적이며, 뚜껑을 덮어 15분 정도 약한 불에서 쪄낸다. 향미증진을 위해 기노메(木の芽)나 유자껍질을 곁들인다.

2) 도빙무시(土瓶蒸 ; とびんむし) – 주전자찜

① 버섯모둠 주전자찜

재료

표고버섯, 느타리버섯, 양송이버섯, 새우, 대추, 베이컨, 영양부추, 다시, 폰즈, 야쿠미

조리법

❶ 새송이버섯을 슬라이스하고 느타리는 찢어 놓는다.

❷ 새우를 데쳐놓고, 은행껍질을 벗겨둔다.

❸ 표고버섯을 칼집내고, 대추를 씻어둔다.

❹ 육류를 잘게 썰어 넣고 영양부추를 준비한다.

❺ 다시에 간장과 소금, 청주로 간을 하여 부은 후 쪄낸다.

❻ 양이 많을 경우 재료를 넣고 끓여 주전자에 담고, 폰즈와 야쿠미를 곁들인다.

② 마쓰다케 도빙무시(松茸土瓶蒸；まつだけどびんむし) – 자연송이 주전자찜

재료

자연송이, 차새우, 닭고기살, 바다장어, 은행, 흰살생선, 쑥갓, 스이지, 스다치, 폰즈

조리법

❶ 새우와 닭고기살은 삶아내고, 바다장어는 노릇하게 구워놓는다.

❷ 은행은 껍질을 벗기고 흰살생선은 한입 크기로 잘라놓는다.

❸ 다시에 간장으로 색을 내서 소금과 청주로 간하여 스이지를 만든다.

❹ 주전자에 재료를 가지런히 담고 송이를 슬라이스하여 담는다.

❺ 스이지를 부어 쪄내고 스다치와 폰즈를 곁들여낸다.

• 국물은 따라서 맑은국으로 마시고 건더기는 폰즈에 찍어 먹는 것으로, 코스 진행 도중에 입가심용 요리로 적당하다.

자연송이 요리는 가을철 특선요리로, 일본요리에서 가장 대표적인 식용버섯으로 인정받는 요리이다. 자연송이는 인공적으로 재배할 수 없어서 더욱 귀하며, 가격도 매우 비싼 편이지만, 자연송이 특유의 휘발성 성분의 향기로 인하여 미식가들의 입맛을 사로잡고 있다. 메뉴로는 자연송이소금구이와 도빙무시가 대표적이며 송이덮밥, 송이죽, 송이샤브샤브, 송이스키야키, 송이밥, 송이 맑은국 등이 있다.

이 자연송이를 이용한 주전자찜 요리는 식사 도중에 제공되는 경우가 많은데, 곁들인 잔에 국물을 부어 마시면 입맛을 아주 개운하게 해주며, 송이의 향이 은은하게 배어 나와 식욕자극과 더불어 상쾌감을 더해준다. 건더기는 건져서 폰즈소스에 찍어 먹는데, 아예 국물에 폰즈를 섞어서 먹는 경우도 있다. 따라서 스이지를 만들 때는 색이 적당하게 나도록 간장을 넣어주고 소금의 간이 강하지 않도록 주의해야 한다. 여기에 약간의 청주로 이취를 제거해 주는 것이 매우 중요하다.

자연송이는 일본 것이 가장 비싸며, 북한과 중국에서 수입되는 것은 가격이 비교적 저렴하지만 맛과 향이 다소 떨어진다. 우리나라에서는 양양과 경북 봉화산이 가장 비싸고 맛이 뛰어난 것으로 알려져 있으며 추석이 지나면서 품질이 떨어지기 시작한다. 송이버섯의 품질은 버섯의 갓이 아직 활짝 피어나지 않은 것을 상품으로 취급하며, 단단하고 벌레 먹지 말아야 하는데, 개당 무게가 작은 것은 30~40g 정도이지만, 큰 것은 100g이 넘는 것도 있다. 가격은 그날그날 변동이 심한 편이며, kg당 가격이 수십만 원에 이르므로 개당 가격은 수천 원에서 수만 원에 달하기도 한다.

최근에는 냉동기술이 발달하여 산지에서 수확한 것을 급랭, 진공포장하여 한 해 동안 유통시키는 제품이 생겨나서 사계절 송이요리를 맛볼 수 있지만, 생물보다는 맛과 향과 질감 면에서 품질이 상당히 떨어진다.

3) 신슈무시(信州蒸し；しんしゅうむし) – 메밀국수찜

삶은 메밀국수를 생선 위에 얹거나, 생선으로 메밀국수를 말아서 쪄낸 요리를 말한다. 신슈(信州)는 메밀의 명산지로 알려져 붙여진 이름이고 소바무시(蕎麥蒸し)라고도 한다. 옥도미, 갯장어 등의 담백한 흰살생선을 손질하여 넓게 펴서, 살짝 삶아낸 메밀국수를 얹어 마키스(巻き簾)로 단단히 말아서 찐다. 그릇에 소바다시를 부어 야쿠미를 곁들여 먹는다. 반대로 메밀국수로 생선을 싸거나, 생선 위에 얹어서 쪄내는 경우도 있다.

재료

메밀국수, 옥돔, 다시마, 무즙(모미지오로시), 시치미, 소바다시

조리법

❶ 메밀국수를 삶아 냉수에 식혀둔다.

❷ 옥돔을 손질하여 소금으로 밑간하여 메밀국수로 말아준다.

❸ 다시마를 깔고 올려놓은 후 청주를 부어 쪄낸다.

❹ 오로시에 시치미를 찍어 바르고, 소바다시를 끼얹어낸다.

4) 사쿠라무시(櫻蒸 ; さくらむし) – 벚꽃찜

생선을 벚나무 잎으로 싸거나, 사쿠라즈케(櫻漬)를 얹어서 쪄낸 요리를 말하며 담홍색으로 물들인 도묘우지고나(道明寺粉)를 흰살생선에 묻혀 벚나무 잎으로 말아 찐다. 또한 사쿠라즈케를 올려 찐 밥을 말하기도 한다. 즉 색을 낸 찹쌀밥을 흰살생선 위에 얹어 술찜으로 쪄낸 요리이다.

재료

찹쌀, 옥돔, 다시마, 청주, 소금

조리법

❶ 옥돔을 손질하고, 찹쌀을 불려 물들인 뒤 밥을 짓는다.

❷ 바닥에 다시마를 깔고 옥돔과 찹쌀밥을 올려놓는다.

❸ 청주를 넣고 쪄낸다.

5) 사카무시(酒蒸；さかむし) – 술찜

재료에 술을 뿌려 쪄낸 요리를 말하며, 재료에 소금으로 간을 하여 다시마를 그릇에 깔고 술을 뿌려 쪄낸다. 일본 특유의 찜요리 방법으로 한국을 비롯한 다른 나라의 조리방법에서는 찾아볼 수 없는 특이한 방법으로 하는 요리이다. 사용되는 재료로는 패류나 흰살생선, 닭고기 등이 이용된다. 도미머리술찜, 대합술찜 등이 대표적이지만, 생선류나 조개류, 채소류 등 거의 모든 재료를 이용하여 술찜을 만들 수 있다.

청주의 향이 은은하게 재료에 배게 되며, 그 향과 맛으로 인하여 재료의 맛이 한층 더 개운하게 느껴지는 요리이다. 또한 찜요리 특성상 재료가 가지고 있는 맛을 거의 그대로 느낄 수 있는 아주 진귀한 조리법 중 하나이다.

사용되는 청주는 한번 끓여 알코올을 빼낸 니기리사케(にぎり酒)를 이용하는 것이 일반적인데, 청주 그대로를 사용하는 경우도 있다. 그리고 청주를 다시로 희석시켜 사용하기도 하며, 이때 약간의 소금을 넣어 밑간이 유지되도록 하는 것도 아주 중요하며, 술찜에 감칠맛을 더해주기 위하여 재료 밑에 다시마를 까는 것이 좋다.

① 하마구리사카무시(蛤酒蒸 ; はまぐりさかむし) – 대합술찜

하마구리는 대합으로 번역되지만 실제로 한국에서는 대합보다 직경 5cm 내외의 백합조개가 더 적합하다. 한국의 대합은 더욱 크기 때문에 종류가 다른 것이 많다. 사용되는 청주는 조리용으로 별도로 제조하지 않으며, 일반적으로 마시는 청주를 사용한다.

함께 찌는 재료는 주로 채소류를 사용하며 한 번 데쳐서 사용하는 것이 보통이다. 쑥갓 등 색을 내야 하는 재료는 최후에 넣고 1분을 넘기지 않도록 한다. 특히 하마구리를 사용할 경우에는 미리 두들겨보아 '딱딱'거리는 소리가 맑게 들려야 신선하게 살아 있는 것이다. 소리가 조금이라도 둔탁한 느낌이 들면 대합을 벌려 직접 확인해 보아야 한다.

재료

배추, 무, 당근, 버섯, 두부, 백합조개, 쑥갓, 다시마, 청주, 소금, 레몬, 폰즈, 야쿠미

조리법

❶ 배추는 삶아 모양을 낸다.

❷ 무와 당근은 삶아서 꽃모양을 만든다.

❸ 두부와 버섯은 한입 크기로 썰어둔다.

❹ 조개는 소금물에 담가 해감을 토하게 하고 눈을 따서 사용한다.

❺ 술찜을 쪄낼 용기 바닥에 다시마를 깔고 그 위에 재료를 담는다.

❻ 쑥갓을 제외한 재료를 용기에 가지런히 담고 청주 또는 희석된 청주를 부어준다.

❼ 재료가 절반쯤 잠기도록 청주를 부어주고 뚜껑을 덮어 찜기에 넣는다.

❽ 뚜껑이 없을 경우 비닐랩이나 호일을 사용할 수 있다.

❾ 중불에서 10~15분 정도 쪄낸 다음 쑥갓을 얹어 불을 끄고 꺼낸다.

❿ 이물질을 제거한 후 레몬으로 장식하고 폰즈와 야쿠미를 곁들여낸다.

② 도로로무시(薯蕷蒸 ; とろろむし) – 산마즙찜

재료

산마즙, 난백, 소금, 흰살생선, 핫포다시, 전분, 청주, 피망, 버섯

조리법

❶ 산마즙에 난백을 섞어 소금을 조금 넣고 휘핑시킨다.

❷ 생선에 소금간을 하여 다시마를 깔고 술찜으로 쪄낸다.

❸ 채소를 조각하여 올려놓는다.

❹ 핫포다시로 앙(あん ; 물에 푼 녹말)을 만들어 뿌려준다.

- 흰살생선의 술찜요리 위에 산마즙을 덮어주고, 그 위에 물전분 푼 것을 뿌려준 것으로 부드러우면서도 복합적인 맛을 느낄 수 있는 요리이다. 곁들임채소는 재료나 고객에 따라 얼마든지 대체품 이용이 가능하다.

③ 모리아와세사카무시(盛合せ酒蒸；もりあわせさかむし) – 해산물모둠술찜

재료

새우, 백합조개, 도미살, 오징어살, 버섯, 은행, 대파, 배추

조리법

❶ 배추를 삶아놓고, 오징어살에 칼집을 넣어 데친다.

❷ 백합을 해감시켜 눈을 따놓는다.

❸ 새우를 삶아 스이지에 담가놓는다.

❹ 재료를 담아 술과 다시를 1 : 1로 섞고 소금과 간장으로 간을 한다.

❺ 찜기에 온도가 오르면 뚜껑을 덮어 10분 정도 쪄낸다.

• 마치 요세나베처럼 많은 해산물을 사용하였고, 청주 특유의 향과 재료가 잘 어우러진 요리로 폰즈를 곁들이면 그 맛이 더욱 일품이다.

④ 다이사카무시(鯛酒蒸し；たいさかむし) – 도미머리술찜

재료

도미머리, 도미꼬리, 배추, 대파, 버섯 4종, 무, 당근, 미나리, 백합조개, 다시마, 청주, 다시

조리법

❶ 무와 당근을 삶아 꽃 모양을 낸다.

❷ 각 채소들을 한입 크기로 썰어놓는다.

❸ 접시에 다시마를 깔고 보기 좋게 담는다.

❹ 청주와 다시를 같은 비율로 넣고 소금으로 간하여 쪄낸다.

❺ 다 쪄졌으면 미나리를 넣어 1분간 더 쪄서 완성해 낸다.

- 도미의 술찜요리에 사용하는 부위로 머리, 살, 뼈살, 꼬리 등이 있으나 머리를 사용하는 것이 최상품요리로 손꼽히고 있다.

6) 겐친무시(巻繊蒸 ; けんちんむし) – 말이찜

흰살생선이나 닭고기 등의 재료를 양배추 등의 채소로 말아서 쪄낸 요리로, 나중에 전분을 푼 걸쭉한 국물을 뿌려준다. 또는 두부를 삶아 으깨어 각종 채소를 채썬 후 섞어서 반죽하여 양념한 것을 모양을 잡아 쪄낸 것을 말하기도 한다.

① 가보차겐친무시(南瓜巻繊蒸 ; かぼちゃげんちんむし) – 호박말이찜

재료

호박, 쇠고기, 두부, 찹쌀, 건치자꽃, 전분, 다시, 잣

조리법

❶ 쇠고기를 갈고 두부를 으깨어 소금으로 간하여 반죽한다.

❷ 호박의 속을 파고 반죽한 것을 넣어준다.

❸ 치자꽃으로 색을 낸 찹쌀밥을 올려놓는다.

❹ 찜기에 쪄낸 후 물전분으로 앙(あん)을 만들어 올린다.

❺ 잣을 썰어 올려낸다.

② 아나고겐친무시(穴子巻繊蒸し；あなごけんちんむし) – 붕장어말이찜

재료

아나고, 두부, 산마, 달걀, 무, 간표, 시금치

조리법

❶ 두부와 산마를 스리바치(擂鉢)한 후 아나고를 넣는다.

❷ 무를 가쓰라무키(桂剝き)하여 둔다.

❸ 무를 편 후 재료를 말아 간표로 묶어 쪄준다.

❹ 먹기 좋게 잘라서 살짝 조려낸다.

❺ 시금치를 곁들여낸다.

• 붕장어를 산마와 함께 갈아서 양념하여 만든 속재료를 무나 양배추로 말아서 쪄낸 요리이다. 코스요리 도중에 낼 경우에는 앙을 채소와 함께 섞어 올려주는 것이 좋다.

8 아에모노(和物；あえもの) – 무침요리

재료에 양념이나 소스 등을 곁들여 무쳐낸 것으로, 시간이 지나면 재료에서 수분이 유출되므로 되도록 빨리 사용한다. 반드시 차게 하여 무치는 것이 중요하며, 맛이 약한 채소의 경우 미리 간을 하거나 익혀서 조리하는 경우도 많다.

(1) 아에모노의 종류

1) 오로시아에(下ろし和；おろしあえ)

무즙을 가볍게 짜서 산바이스나 아마스 등으로 맛을 내어 재료를 무친 것으로, 무즙 대신 오이즙을 사용한 경우에는 미도리아에(綠和)라고 한다. 어패류, 조류, 버섯, 미역 등의 채소를 이용한다.

2) 스미소아에(酢味噌和；すみそあえ)

된장에 식초를 넣어 만든 초된장(스미소)으로 재료를 무쳐낸 것으로, 겨자를 첨가한 스미소를 사용하기도 한다. 재료에는 전갱이, 정어리, 참치, 모시조개 등의 어패류와 파, 땅두릅 등의 채소류, 그리고 미역 등의 해조류 등을 이용한다.

3) 시라아에(白和；しらあえ)

흰깨를 볶아서 간 것과, 두부를 삶아 수분을 짜낸 것과 섞어서 설탕, 우스쿠치쇼유(薄口醬油), 소금 등으로 맛을 내어 무친 것으로, 주로 푸른색 채소의 무침에 이용된다.

4) 고마아에(胡麻和え；ごまあえ)

볶은 참깨를 갈아서 간장과 소량의 미림 또는 설탕을 넣어 재료를 무쳐낸 요리를 말한다. 재료의 색에 따라 흰깨와 검정깨를 선택하며, 재료로는 미나리, 쑥갓, 시금치, 가지, 죽순 등이 이용된다.

9 스노모노(酢の物 ; すのもの) – 초회

새콤달콤한 혼합초를 재료에 곁들여내는 요리로, 계절감을 가지고 청량감을 주어 식욕을 자극하며, 재료가 가지고 있는 맛을 그대로 살려내는 것이 중요하다. 일반적으로 조개는 생물의 살을, 생선은 소금이나 식초에 절여진 것을 사용하는 경우가 많다. 또한 아름답게 보이고 입에서 씹히는 감촉을 높이기 위해, 굽거나 데치는 조작을 가하기도 한다.

미역이나 오이, 도사카노리(鷄冠海苔) 등의 채소를 바탕으로 어패류들을 담아낸다. 주로 사용되는 혼합초로는 산바이스(三杯酢)가 가장 많으며, 니하이스(二杯酢), 아마스(甘酢), 고마스(胡麻酢) 등도 자주 쓰인다.

(1) 스노모노의 종류

1) 나마코스노모노(海鼠酢の物 ; なまこすのもの) – 해삼초회

그릇에 오이나 미역 등의 채소와 해조류를 가지런히 담아 넣고, 손질한 해삼을 잘게 썰어 아카오로시와 실파를 곁들인 것. 폰즈(ポン酢)를 찍어 먹거나 끼얹어내기도 한다. 한국식으로 가미하는 경우에는 초고추장을 사용하기도 한다.

2) 다코스노모노(蛸酢の物 ; たこすのもの) – 문어초회

삶은 문어를 파도썰기하여 미역과 오이를 함께 담아낸 것으로, 산바이스를 뿌려낸다. 문어는 소금으로 문질러 깨끗이 세척하며, 삶을 때 오차와 간장을 넣으면 색이 좋아진다. 나마코 스노모노와 마찬가지로 초고추장을 사용할 수도 있다.

3) 가이소스노모노(海草酢の物 ; かいそうすのもの) – 해초초회

갖가지 해초(海草)를 재료로 사용한 것으로, 미역, 도사카노리, 해파리 등을 재료로 사용하며, 그릇에 가지런히 조금씩 담아 고마다레(胡麻垂れ)를 뿌려 먹는다. 각종 해초들의 색상이 어우러져 보기에는 좋으나, 바다 특유의 비릿한 냄새 때문에 혐오감을 줄 수 있으므로 조리 시 유념하도록 한다.

4) 모리아와세스노모노(盛合せ酢の物 ; もりあわせすのもの) – 모둠초회

채소와 해조류에 여러 가지 어패류 재료들을 각각 손질하여, 한데 모아 담은 것으로, 산바이스를 뿌려준다. 재료로는 미역과 도사카노리 등의 해조류와, 오이, 초연근 등의 채소, 그리고 삶은 꽃게, 문어, 새우와 초절임한 전어, 그리고 가리비 등의 패류를 이용한다. 고급재료로는 바닷가재를 이용하는 경우도 있다.

(2) 스노모노의 조리

1) 스노모노모리아와세(酢の物盛合せ ; すのものもりあわせ) – 모둠초회

재료

새우, 낙지, 오징어, 오이, 꽃게, 모미지오로시, 산바이스

조리법

❶ 해산물 재료를 각각 끓는 물에 데쳐 한입 크기로 잘라 보기 좋게 담는다.

❷ 산바이스를 만들어 뿌려낸다.

❸ 해산물 초회의 재료는 해조류나 해산물 거의 다 가능하므로 좋아하는 재료를 선택하여 사용한다.

2) 준사이스노모노(蓴菜酢の物 ; じゅんさいすのもの) – 순채초회

재료

순채, 와사비, 산바이스, 스다치

조리법

❶ 순채를 물에 헹궈낸 다음 물기를 체에 쳐서 제거한다.

❷ 산바이스(물 3, 식초 1, 간장 1, 설탕 1/2)를 비율에 맞게 섞어준다.

❸ 순채를 담고 산바이스를 곁들여낸다.

❹ 와사비와 스다치를 얹어 장식한다.

3) 가이산부츠스노모노(海産物酢の物 ; かいさんぶつすのもの) – 해산물스노모노

재료

문어, 새우, 소라살, 나마스오시(당근, 광어살, 무, 오이, 오보로, 노리), 해파리, 시소, 파슬리

조리법

❶ 문어, 소라, 새우는 삶아 스이지에 담가둔다.

❷ 해파리는 채썰어 삶아서 냉수에 식혀둔다.

❸ 광어살, 오보로, 당근, 김, 무(가쓰라무키)를 차례로 쌓아 눌러 나마스오시를 만든다.

❹ 재료들을 한입 크기로 썰어 새우를 중심으로 접시에 담는다.

❺ 시소를 가늘게 썬 것과, 파슬리와 레몬으로 장식한다.

❻ 산바이스(간장 1, 식초 2, 다시 3, 설탕 2/3, 소금 1/3)를 곁들인다.

4) 우나큐스노모노(鰻胡瓜酢物 ; うなきゅうすのもの) – 장어오이초회

재료

장어, 오이, 생강, 도사스

조리법

❶ 장어를 야키바에 가바야키해 놓는다.

❷ 오이를 얇게 썰어 소금에 절였다가 씻어 물기를 빼놓는다.

❸ 생강은 곱게 채썰어 하리쇼가 해둔다.

❹ 다시 8, 식초 1, 미림 1, 청주 1, 우스쿠치 1의 비율로 섞어 도사스를 만든다.

❺ 재료를 담아 도사스를 끼얹어낸다.

10 나베모노(鍋物 ; なべもの) – 냄비요리

냄비요리는 재료의 맛과 모양에 좌우되므로, 아쿠(灰汁)가 강하거나 부서지기 쉬운 재료는 피한다. 냄새가 나는 것은 미리 시모후리(霜降)하여 제거하고, 아쿠를 내는 채소는 미리 데쳐서 사용한다. 냄비요리는 사교적인 요리로서, 식탁에 올려놓기에는 열효율이 높은 도나베(土鍋)가 적당하다. 금속제에 비해 보온성이 좋고 가열시간이 다소 걸리지만 열용량이 크므로 재료가 잘 익는다.

(1) 나베모노의 종류

1) 유데루나베(茹鍋 ; ゆでるなべ)

100℃의 끓는 물로 식품 내 전분의 호화, 단백질의 응고, 조직의 경화를 가져오도록 하는 조리법으로, 수용성 성분이 국물에 녹아드는 장점이 있으나 비타민과 무기질의 손실이 크다. 따라서 재료가 가진 맛을 그대로 살리기 위해, 냄비에서 양념하지 않고 각자의 폰즈쇼유(ポン酢醬油)를 찍어 먹는다.

① 지리나베(ちり鍋)

다시에 흰살생선과 계절채소, 두부 등을 넣어 끓인 것. 도미지리, 복지리, 대구지리 등이 대표적이다.

② 유도후(湯豆腐)

다시마 국물에 두부를 넣고 끓이면서 양념간장이나 폰즈를 찍어 먹는 것. 두부요리의 대표적인 것으로 겨울철 요리로 으뜸으로 꼽는다.

③ 미즈타키(水炊き)

닭 국물에 계절채소와 닭고기를 한입 크기로 썬 것을 넣고 끓이면서 폰즈를 찍어 먹는 것. 닭고기요리로 즉석에서 조리하며, 나중에 떡이나 우동을 넣거나 죽을 쑤기도 한다.

2) 니루나베(煮る鍋；にるなべ)

여러 가지 재료를 합하여 조미료로 간한 것으로, 하나하나의 재료에 의한 배합에 따라 맛이 난다.

① 요세나베(寄せ鍋)

어패류, 닭고기, 채소류 등을 맑은국 정도의 국물로 끓여 가면서 국물과 함께 건져 먹는다. 잔코나베가 발전하여 변화되어 만들어진 요리이다.

② 잔코나베(ちゃんこ鍋)

씨름꾼들이 끓여 먹던 독특한 냄비요리로 시작하여 현재에 이르고 있으며, 미즈다키와 요세나베풍의 수프가 있다.

③ 오뎅(御田)

곤약, 무, 달걀, 어묵 등을 넣어 푹 끓여낸 요리로 원래는 니코미덴가쿠(煮込み田樂)라고 하는데 약어로 오뎅이라 불리게 되었다. 갖가지 재료를 국물에 넣어 끓여 먹던 하류계층의 요리였으나, 다양한 계층에서 꾸준하게 인기를 누려왔으며, 현재도 고급요리보다는 대중적인 요리로 각광받고 있다.

3) 야쿠나베(焼く鍋；やくなべ)

야쿠나베는 도나베를 사용하지 않고, 철로 된 데쓰나베(鐵鍋)를 사용하며, 고기나 채소를 구워 가면서 먹는 것을 말한다.

① 스키야키(鋤焼；すきやき)

쇠고기(牛肉)를 이용하여 진한 국물로 맛을 낸 일본 특유의 육요리(肉料理)로, 우시스키(牛すき), 우시나베(牛鍋)라고도 한다. 관동지방과 관서지방의 방식에는 약간의 차이가 있는데, 사용하는 재료는 거의 같으나, 먹는 방법과 맛을 내는 방법에 약간의 차이가 있다. 관동에서는 와리시다(割り下；다시, 간장, 미림, 조미료 등을 혼합하여 만든 국물)라고 하는 양념국물을 만들어 조리하지만, 관서에서는 설탕, 간장, 청주 등을 입맛에 따라 직접 간을 하며 조리한다. 뜨거운 것이 먹기 좋고, 또한 부드러운 맛을 내기 위하여 달걀 푼 것을 찍어 먹기도 하나, 그대

로 먹어도 무방하며, 오히려 자연적인 맛을 느낄 수도 있다. 어느 정도 먹고 난 후, 남은 국물에 우동이나 떡 등을 넣고 졸여 먹으면 또 하나의 일품요리를 맛볼 수 있다.

② 뎃판야키(鉄板焼き ; てっぱんやき) – 철판구이

두꺼운 철판 위에 각종 식재료(해산물, 채소, 육류) 등을 올려놓고, 주로 고객 앞에서 조리사가 직접 요리하는 과정을 보여주며, 완성된 요리를 즉석에서 먹을 수 있도록 하는 것 또는 그 요리를 말한다. 전통적인 일본요리는 아니지만 해산물과 일부 채소, 그리고 소스 등에서 일본요리의 냄새가 느껴지며, 주재료와 조리법은 서양요리에서 온 것이다. 정확한 유래는 알려지지 않았지만, 기원은 칭기즈칸 시대에 들짐승과 채소 등을 돌이나 철판 위에 올려 구워 먹던 것에서 유래되었다는 설이 지배적이다. 후에 여러 나라에서 철판 위에 요리를 해 먹는 풍습이 생겨났었으나, 일본이 이것에 이름을 붙여 상업적으로 성공하여, 현재는 철판구이라고 하면 일본요리의 한 부분이 되어버렸다. 그렇기 때문에 철판구이요리는 일정한 형식이 없고, 다만 지역적 특성을 살려 그 조리법이나 소스가 나름대로 발전하고 있는 실정이다. 해산물로는 새우, 가리비, 연어, 은대구, 전복, 바닷가재 등이 이용되고, 육류는 주로 쇠고기의 안심과 등심, 그리고 양갈비가 이용되며, 채소류로는 숙수나물, 시금치, 양파, 버섯 등이 재료로 이용되고 있다.

(2) 나베모노의 조리

1) 지리나베(ちり鍋)

재료

도미, 무, 당근, 배추, 대파, 두부, 표고버섯, 팽이버섯, 쑥갓, 다시마, 폰즈

조리법

❶ 배추, 무, 당근을 끓는 물에 삶아내어 모양을 낸다.

❷ 도미는 손질하여 머리는 끓는 물에 데쳐놓는다.

❸ 각 채소는 먹기 좋은 크기로 잘라 준비해 둔다.

❹ 다시마로 곤부다시를 만들어놓는다.

❺ 재료를 냄비에 담고 곤부다시를 부어 끓인다.

❻ 소금으로만 간을 하고 나중에 청주를 2~3Ts 정도 넣고 쑥갓을 얹어 마무리한다.

2) 샤브샤브(しゃぶしゃぶ)

일본의 대표적인 냄비요리 중 하나로 알려진 샤브샤브는, 얇게 썬 재료를 즉석에서 끓인 다시에 담가 살짝 익혀가면서 먹는 요리로 중국에서 전래되었다고 한다. 칭기즈칸 시대에 전쟁터에서 유래되었다는 설도 있어 일부에서는 칭기즈칸 요리라고도 한다.

초기에는 양고기나 들짐승을 이용했었는데, 이것이 근대에 이르면서 쇠고기를 사용하게 되었다고 하며 이때 소스들도 생겨났다고 한다. 소스로는 참깨를 갈아 만든 고마다레와 폰즈쇼유를 사용하는데, 만드는 방법 또한 다양하다. 샤브샤브의 원뜻은 물에 가볍게 헹구거나 물을 휘젓는 모양의 의태어로서 다시에 '살짝살짝' 데쳐 먹는다는 뜻을 내포하고 있다.

고기와 채소를 다 먹은 다음에 남은 다시 국물은 자연스럽게 육수가 되어 면을 삶아 먹거나 죽을 만들어 먹으면 진미를 느낄 수 있다. 최근에는 한국에도 샤브샤브 전문점이 많이 생겨났는데, 소스는 태국의 수키소스를 접합하여 만든 매콤한 맛의 소스가 인기를 모으고 있다.

재료

쇠고기(등심) 300g, 배추 1잎, 대파 1뿌리, 생표고 1장, 팽이버섯 1/2봉, 두부 1/2모, 실곤약 30g, 우동사리 150g, 쑥갓 20g, 죽순 20g, 실파 1뿌리, 무 1/4개, 다시마, 참깨, 간장, 식초, 청주, 미림, 설탕, 땅콩버터, 타바스코, 마늘가루

조리법

❶ 대파는 가늘고 어슷하게 채썰어 물에 씻은 뒤 헹군다.

❷ 배추, 표고, 두부, 팽이버섯은 먹기 좋은 크기로 자른 다음 접시에 보기 좋게 담고, 쇠고기 등심은 얇게 썰어 접시에 가지런히 담아둔다.

❸ 고마다레와 폰즈 및 야쿠미를 만들어놓고, 우동을 삶아 헹구어놓는다.

❹ 다시를 뽑아 청주와 소금으로 연하게 간을 하고, 재료를 조금씩 넣어 살짝 익혀 소스에 찍어 먹는다. 다 먹고 남은 국물에 우동을 넣고 식성에 따라 간을 하여 먹는다(고춧가루, 마늘 등).

⊙ 고마다레(胡麻垂 ; ごまだれ) – 참깨소스

볶음참깨 900g, 콩소메 2000cc, 미림 500cc, 식초 600cc, 우스쿠치 300cc, 적포도주 300cc, 백포도주 300cc, 조미료 3Ts, 설탕 6Ts, 소금 40g, 핫소스 100mL, 타바스코 100mL, 마늘가루

(약식) : 간장 2, 피넛버터 2, 적포도주 1(청주), 다시 1, 설탕, 타바스코, 마늘가루

⊙ 폰즈(ポン酢) – 초간장소스

다시 2, 간장 2, 식초 2, 청주 1/2, 미림 1/2, 설탕 1/2, 레몬즙

⊙ 야쿠미(味) – 양념

모미지오로시(紅葉おろし), 실파, 레몬

3) 스키야키(鋤焼 ; すきやき)

쇠고기를 이용하여 진한 국물로 맛을 낸 냄비요리로, 샤브샤브와 더불어 일본 특유의 쇠고기요리로 알려져 있으며, 우시스키(牛すき), 우시나베(牛鍋)라고도 한다.

불교가 전래되었을 때 나라에서는 육식을 금하였지만, 일부에서는 육식이 행해지고 있었다. 그때 야외에서 냄비 대신에 '스키(鋤 : すき)'라고 불리던 농기구를 이용하여 '가모시카(羚羊 : かもしか – 산양의 일종)'라는 짐승의 고기를 몰래 구워 먹었었다. 이것이 스키야키의 어원이라고 할 수 있다. 메이지유신(明治維新 : めいじゆしん ; 1876) 이후 육식(肉食)을 금하던 것이 해제되면서, 서양에서 들어온 쇠고기(牛肉)의 食用이 대중에게 널리 퍼지게 되었고, 냄비에 고기와 채소를 함께 졸이면서 먹는 하나의 형식을 갖춘 요리로서 스키야키가 유행하여, 다이쇼지다이(大正時代 : たいしょうじだい ; 1912~1926년)에는 가정요리로도 광범위하게 보급되었다. '스키야키'의 한자인 '서(鋤)'자는 '호미'를 뜻하며, '저민 고기'라는 뜻도 있다. 먹는 방법은 잘 달구어진 스키야키 나베에 쇠고기 기름으로 코팅을 하고, 단단한 채소부터 조금씩 고기와 함께 올려놓고 다레를 넣어 볶아서 생달걀 푼 것을 소스로 찍어 먹는다. 이렇게 반복하여 다 먹고 난 뒤에 우동면을 볶아서 먹으면 일미를 즐길 수 있다. 이것을 스키나베라고 하여 전골처럼 직접 끓여내기도 한다.

재료

쇠고기, 배추, 대파, 우엉, 곤약, 쑥갓, 양파, 무, 당근, 표고버섯, 팽이버섯, 두부, 죽순, 은행, 당면, 달걀, 후추, 설탕, 간장, 청주, 스지, 다시마, 가쓰오부시, 스키야키 다레

조리법

❶ 무와 당근은 단자쿠기리한다.

❷ 배추, 대파를 무와 같은 크기로 자른다.

❸ 표고버섯을 채썰고, 우엉은 사사가키(笹掻 : ささがき ; 칼의 끝을 사용하여 우엉 등의 채소를 마치 연필을 깎는 것처럼 돌려가면서 깎는 방법)기리한다.

❹ 두부는 한입 크기로 썰어 소금을 뿌려 구워서 식혀놓는다.

❺ 죽순은 한번 삶아 슬라이스하고, 곤약도 삶아 채썰어 놓는다.

❻ 당면은 불려 놓고, 은행은 껍질을 까놓는다.

⑦ 스키야키 다레를 분량대로 섞어서 만들어놓는다.

⑧ 접시에 채소를 보기 좋게 담아놓고 고기도 슬라이스하여 담는다.

⑨ 스키야키 나베를 달구어 채소와 다레, 다시를 섞어 볶아낸다.

⑩ 생달걀을 소스로 찍어 먹는다.

⊙ 스키야키 다레

간장 4L, 청주 2.8L, 설탕 2kg, 사쿠라미소 300g, 다시마 20g을 넣어 설탕이 녹을 정도로 살짝 끓여주고, 같은 양의 다시를 섞어 사용한다.
(약식) : 간장 3, 청주 2, 미림 1, 설탕 1/3의 비율대로 재료를 섞어, 다시마와 함께 설탕이 다 녹을 때까지 살짝 끓여준다.

⊙ 스키야키나베(鋤焼鍋 ; すきやきなべ)

스키야키 요리에 쓰이는 냄비로, 기름이 잘 발라지고 보온성이 좋은 쇠로 두껍게 만든 것이 적당하다. 냄비의 모양은 원형 또는 사각형이 있으나, 보통은 원형의 것을 사용하고 있으며, 높이가 낮고 넓은 것으로 화력을 잘 받을 수 있는 것이 좋다.

4) 가미나베(紙鍋 ; がみなべ) – 종이냄비

종이를 냄비로 사용하여 조리하는 요리를 말하며, 지리, 요세나베 등이 주로 이용된다. 가미나베 밑에 고체연료를 사용하는 경우가 많으며, 즉석에서 끓여 가면서 먹기도 하지만, 미리 요리를 하였다가 보온만 하는 경우도 있다. 종이 대신 은박지로 만든 냄비도 있으며, 일회용이다. 사진의 요리는 바닷장어인 하모를 이용한 하모나베 요리이다.

재료

하모, 배추, 청경채, 버섯, 두부, 대파, 미나리, 무, 당근, 다시

조리법

❶ 각종 채소를 한입 크기로 자른다.

❷ 하모에 칼집을 넣어 끓는 물에 살짝 데쳐놓는다.

❸ 냄비에 재료를 가지런히 담아 다시를 붓고 끓여준다.

❹ 소금과 청주로 간을 하고 폰즈를 곁들여낸다.

11 고항(御飯 ; ごはん) – 밥

밥은 동양 및 아시아 대부분의 나라에서 주식으로 삼고 있는 것으로, 분류하는 방법이 다양하지만 여기에서는 일식메뉴 중심으로 종류를 분류해 보도록 한다.

우선 밥의 형태에 따라 보통 백미로 지은 밥, 이를 성형한 주먹밥, 가마솥에 넣어 따로 지어낸 솥밥 등으로 나눌 수 있다. 또한 조리방법에 따라 죽, 구운 밥, 볶은 밥 등으로 분류되며, 부재료의 첨가여부에 따라 굴밥, 영양밥, 해물밥, 잡곡밥 등으로 부르는데, 사용할 수 있는 부재료의 종류가 광범위하기 때문에 더욱 다양한 메뉴가 나올 수 있다.

(1) 고항의 종류

고항의 분류

분류	종류	설명
밥의 형태	고항 – 백반 오니기리 – 주먹밥 가마메시 – 가마솥밥	백미로 지은 밥 밥을 지어 주먹처럼 성형한 밥 가마솥에 넣어 따로 지은 밥
조리방법	고항 – 밥 오카유 – 죽 조스이 – 죽 야키메시 – 구운 밥 자항 – 볶음밥	보통의 밥 보통의 밥보다 물을 많이 넣어 지은 밥 밥을 끓여 죽으로 만든 것 밥을 성형하여 구운 것 밥을 볶아낸 것
부재료의 첨가	가키고항 – 굴밥 에이요고항 – 영양밥 가이산부쓰고항 – 해물밥 잣고쿠고항 – 잡곡밥	굴을 넣어 지은 밥 영양재료들을 넣어 지은 밥 여러 가지 해물들을 넣어 지은 밥 잡곡으로 지은 밥

(2) 고향의 조리

1) 가마메시(釜飯 ; かまめし) – 솥밥

재료

쌀, 전복, 은행, 표고, 당근, 연근, 밤, 굴, 스다치

조리법

❶ 쌀을 씻어 불려놓는다.

❷ 은행은 껍질을 벗기고, 각 채소는 5~7mm의 주사위 모양(사이노메기리)으로 썬다.

❸ 전복을 손질하여 칼집을 내고, 굴도 씻어둔다.

❹ 쌀과 재료를 섞어 밥을 지어 뜸을 들여낸다.

❺ 스다치를 얹어낸다.

2) 오니기리(お握り ; おにぎり) – 주먹밥

밥에 간을 하여 삼각 모양으로 성형하여 만든 주먹밥으로 재료에 따라 맛이 천차만별이고 또한 이것을 직화구이로 구웠을 때 또 다른 맛을 볼 수 있다.

⊙ 조리방법에 따라

❶ 밥에 간장과 가쓰오부시를 넣고 비벼서 만드는 방법

❷ 밥 안에 우메보시를 넣어 만드는 방법

❸ 초밥으로 비벼서 만드는 방법

❹ 후리가케를 뿌려 비벼서 만드는 방법

❺ 맨밥을 삼각으로 성형하여 구워내는 방법

3) 오카유(お粥 ; おかゆ) – 죽

① 일본식 죽의 종류

⊙ 조리방법에 따라

❶ 오카유(お粥 ; おかゆ) : 보통의 밥보다 물을 많이 잡아서 지은 밥의 총칭

❷ 조스이(雑炊 ; ぞうすい) : 밥을 씻어 해물이나 채소를 넣어 다시로 끓인 것. 쌀을 절약하려는 목적에서 시작되었으나 후에 여러 가지 재료를 넣어 만들어 먹게 되었다.

⊙ 재료에 따라

채소죽, 전복죽, 굴죽, 버섯죽, 알죽 등 이름이 다양하다.

전복죽

재료

전복, 표고버섯, 쌀, 다시, 김, 무순, 참기름, 소금

조리법

❶ 쌀을 한 시간 정도 불려 체에 건져 물기를 뺀다.

❷ 전복을 손질하여 어슷하게 썬다.

❸ 참기름에 전복을 살짝 볶아둔다.

❹ 냄비에 참기름을 두르고 쌀(1컵)을 볶다가, 볶아둔 전복을 넣는다.

❺ 다시물(5컵)을 부어 끓인다.

❻ 끓기 시작하면 약한 불로 줄이고, 소금과 조미료로 간을 한다.

❼ 불을 끄고 달걀을 풀거나, 김가루나 달걀 노른자를 얹어낸다.

4) 닌니쿠자항(大蒜チャーハン) – 마늘볶음밥

재료

마늘, 피망, 당근, 양파, 베이컨, 밥, 버터, 간장, 소금, 후춧가루, 청경채, 토마토, 오이꽃

조리법

❶ 마늘을 잘게 다진다.

❷ 피망, 양파, 당근을 잘게 썬다.

❸ 밥을 물에 씻어 체에 걸러 물기를 빼놓는다.

❹ 달구어진 팬에 버터를 두르고 마늘을 볶다가 당근을 함께 볶는다.

❺ 양파와 피망, 베이커, 밥을 넣어 볶아준다.

❻ 소금과 간장, 후춧가루로 간을 하여 낸다.

- 잘게 다진 마늘과 버터가 잘 어우러져 감칠맛 나는 향이 나며, 여기에 간장이 약간 첨가되어 한층 더 좋은 맛이 난다. 곁들이는 채소나 부재료들에 다양하게 변화를 주면서 응용할 수 있다.

5) 오차쓰케(お茶漬け, おちゃづけ – 차밥)

녹차에 밥을 말아낸 것을 의미하고, 최근에는 녹차 대신 맑은국의 다시국물(스이지)을 사용하는 경우가 많아졌으며, 김과 와사비 등을 첨가해 향미를 증진시켜 준다. 일반적으로 코스요리를 먹고 난 후에 식사로 하는 경우가 많고, 올려놓는 재료에 따라, 도미차밥, 연어차밥, 매실차밥 등으로 부르고 있다.

① 다이차쓰케(鯛茶漬け、도미차밥)

재료

도미살, 볶은 참깨, 김, 와사비, 셋잎(미스바) 또는 쑥갓잎, 백반, 스이지(맑은국 국물)

조리법

❶ 도미를 회로 저며 썰어둔다.

❷ 볶은 참깨를 절반 정도 갈아준다.

❸ 가쓰오부시 다시에 소금으로 간을 하고, 간장으로 색을 내며, 청주를 약간 넣어 냄새를 잡는다.

❹ 도미회에 참깨를 듬뿍 묻혀서 밥 위에 나란히 얹어놓는다.

❺ ③의 스이지를 뜨겁게 하여 도미 위에 천천히 부어준다.

❻ 도미가 살짝 익으면서 색이 조금 하얗게 변한다.

❼ 김과 와사비, 셋잎을 띄워 완성한다.

❽ 김과 와사비가 다시에 풀리도록 저어서 밥을 마시듯이 먹는다.

▲ 도미회를 밥 위에 얹기

▲ 스이지를 천천히 붓기

② 사케차쓰케(鮭茶漬け, 연어차밥)

재료

연어살, 소금, 김, 와사비, 셋잎(미스바) 또는 쑥갓잎, 백반, 스이지(맑은국 국물)

조리법

❶ 연어를 굽기 좋게 썰어둔다.

❷ 가스레인지나 야키바에서 양면구이하여 잘게 부숴놓는다.

❸ 가쓰오부시 다시에 소금으로 간을 하고, 간장으로 색을 내며, 청주를 약간 넣어 냄새를 잡는다.

❹ 잘게 부순 연어구이를 밥 위에 소복이 얹어놓는다.

❺ 스이지를 뜨겁게 하여 연어 위에 천천히 부어준다.

❻ 김과 와사비, 셋잎을 띄워 완성한다.

❼ 김과 와사비가 다시에 풀리도록 저어서 밥을 마시듯이 먹는다.

❽ 우메보시를 잘게 썰어서 넣어도 좋다.

③ 우메차쓰케(梅茶漬け, 매실차밥)

재료

우메보시(梅干し–매실지), 소금, 김, 와사비, 셋잎(미스바) 또는 쑥갓잎, 백반, 스이지(맑은국 국물)

조리법

❶ 우메보시의 씨앗을 빼고 칼로 잘게 썰어둔다.

❷ 가쓰오부시 다시에 소금으로 간을 하고, 간장으로 색을 내며, 청주를 약간 넣어 냄새를 잡는다.

❸ 잘게 썬 우메보시를 밥 위에 소복이 얹어놓는다.

❹ 스이지를 뜨겁게 하여 우메보시 위에 천천히 부어준다.

❺ 와사비, 셋잎을 띄워 완성한다.

❻ 김을 잘게 썰어 넣어도 좋다.

12 돈부리모노(丼物 ; どんぶりもの) – 덮밥

돈부리는 밥 위에 재료를 덮어내는 요리로, 덮는 재료에 따라 여러 가지 이름으로 불리며 다양한 형태와 모양을 갖추고 있다.

(1) 돈부리의 종류

종류	형태
규돈(牛丼)	쇠고기와 양파 등의 채소를 이용하고 달걀 푼 것을 얹어냄
가쓰돈(カツ丼)	돈가스를 채소와 함께 조리하고, 달걀 푼 것을 얹어냄
오야코돈부리(親子丼)	① 닭고기와 채소를 이용하고, 달걀 푼 것을 얹어냄 ② 초밥이나 밥 위에 생선의 알을 얹어낸 덮밥
마쓰타케돈부리(松茸丼)	송이버섯을 주재료로 이용하고, 달걀 푼 것을 얹어냄 다른 버섯을 사용하여 다양한 버섯덮밥을 만들 수 있음
우나기돈(鰻丼)	장어구이를 밥 위에 얹어낸 것
뎃카돈(火丼)	참치를 와사비 간장에 담갔다가 밥 위에 얹어낸 것
덴돈(天丼)	튀김과 덴다시를 밥 위에 얹어낸 것

(2) 돈부리의 조리

1) 가쓰돈(カツ丼 ; カツどん) – 돈가스덮밥

돈가스를 튀겨 덮밥재료로 이용한 요리로 가쓰(カツ)라고 하면 커틀릿(cutlet)의 일본식 발음이지만, 다른 의미로는 '가쓰(勝つ)' 즉 '승리하다', '이기다'라는 의미를 담고 있어서 시험을 치르는 수험생들이나, 큰 일을 앞둔 사람들에게 권하는 메뉴이기도 하다. 이 메뉴를 좀 더 응용하자면 커틀릿의 재료에 다양하게 변화를 줄 수도 있다.

일본요리에서 응용된 커틀릿의 종류는 상당히 다양하다. 예를 들면, 쇠고기나 닭고기, 돼지고기 등의 각각 다른 부위를 사용하기도 하지만, 고기를 손질할 때 잘게 썰거나 다지거나 아니면 기계로 갈아 전분 등을 섞어 반죽하여 커틀릿을 만들기도 한다. 이러한 다양한 유형의 커틀릿을 모두 가쓰돈에 응용할 수 있기 때문에 조리사들의 다양한 시도가 행해지고 있다.

재료

쌀, 구운 김, 생표고, 달걀, 다시마, 돼지등심, 대파, 양파, 실곤약, 빵가루, 김, 맛소금

조리법

❶ 쌀을 씻어 밥을 지어 덮밥그릇에 둥글게 담아둔다.

❷ 돼지등심에 소금과 후춧가루를 뿌려 간을 한 다음 밀가루를 묻혀 달걀에 담갔다가 빵가루를 묻혀둔다.

❸ 식용유에 돈가스를 튀겨낸다.

❹ 대파, 양파, 생표고를 채썰고, 실곤약과 함께 덮밥다시(다시 5, 간장 1, 청주 1, 설탕 1/3)를 부어 끓인 다음, 돈가스를 한입 크기로 썰어 넣는다.

❺ 달걀을 풀어 뿌려 반쯤 익힌 다음 밥 위에 담고 김가루를 얹어낸다.

• 곁들이는 재료는 실파, 곤약, 팽이버섯 등 기타 다양한 재료로써 변화를 줄 수 있으나, 양파는 반드시 사용하는 것이 좋다.

2) 마츠타케돈(松茸丼 ; まつたけどん) – 송이덮밥

3) 우나기돈(鰻丼；うなぎどん) – 장어덮밥

4) 뎃카돈(鐵火丼 ; てっかどん) – 참치덮밥

참치를 밥 위에 올려낸 참치덮밥을 말한다. 맨밥을 이용하기도 하지만 초밥초에 버무린 초밥을 사용해도 무방하며, 생선재료는 도미나 광어를 이용할 수도 있다.

재료

참치, 참깨, 실파, 하리노리, 와사비, 간장, 백반

조리법

❶ 밥을 그릇에 소복하게 담는다.

❷ 참치를 한입 크기로 썰어 와사비 간장과 참깨를 묻힌다.

❸ 밥 위에 얹고 실파를 뿌려준다.

❹ 하리노리로 장식한다.

5) 이카우니돈(烏賊海胆丼、いかうにどん) – 오징어 성게알 덮밥

오징어를 잘게 이도기리하여 밥 위에 얹고, 그 위에 성게알을 담아낸 덮밥으로 와사비와 무순을 곁들여낸다.

북해도 덮밥전문점에서 내고 있는 이카우니돈

재료

오징어(갑오징어, 물오징어, 한치 등), 우니, 무순, 와사비, 밥 또는 초밥, 간장

조리법

❶ 뜨거운 백반 또는 초밥을 그릇에 소복이 담는다.

❷ 오징어를 가늘게 썰어 밥 위에 가지런히 올려놓는다.

❸ 한가운데를 우니로 덮고, 무순과 와사비로 장식한다.

❹ 간장을 곁들여낸다.

13 츠케모노(漬物 ; つけもの) – 절임류

츠케모노는 채소의 보존을 목적으로 시작하였으며, 식품을 식염이나 쌀겨, 된장, 간장, 술지게미 등에 절여서, 저장성과 맛을 향상시키고 있다. 수분이 많은 엽채류는 소금에 절이는 경우가 많은데, 이것에 의해 수분이 탈수되고 염분이 침투하여 맛이 좋아진다. 보존성이 향상되지만 시간이 오래 지나면 효소나 유산균이 증식하여 산미(酸味)가 나게 된다. 수분이 많지 않은 경채류나 가지, 오이 등은 쌀겨나 된장에 절이는 경우가 많다.

(1) 츠케모노의 종류

1) 시오쓰케(鹽漬 ; しおづけ) – 소금절임

배추 등의 엽채류(葉菜類)를 소금에 절인 것으로, 소금과 유자, 고추 등의 향을 더하면 보다 풍미가 증진된다.

2) 누카쓰케(糠漬 ; ぬかづけ) – 쌀겨절임

쌀겨에 무, 가지, 오이, 순무, 생강, 당근 등을 절인 것으로, 효소나 유산균을 이용한 절임요리이다. 아침저녁으로 쌀겨를 뒤집어 섞어서 공기를 넣어줌으로써, 내부에서 자라는 혐기성 미생물의 생육을 억제시켜야 좋은 맛을 유지할 수 있다.

3) 스쓰케(酢漬 ; すづけ) – 초절임

우선 소금에 한번 절인 것을 조미한 초에 담가 절이는 것으로, 락교, 오이, 양배추, 셀러리 등을 이용할 수 있다.

4) 카스쓰케(粕漬 ; かすづけ) – 술지게미절임

술이나 미림을 만들고 남은 지게미를 이용한다. 살짝 말려서 소금에 절인 박과 식물인 오이(瓜)류나 가지 등을 절이는 것으로, 나라즈케(奈良漬 ; 참외지)가 대표적이다.

5) 미소쓰케(味噌漬 ; みそづけ) – 된장절임

흰된장이나 적된장에 미림, 술 등을 섞어서 재료를 절인다. 재료로는 채소류, 어류, 육류 등이 사용되며, 채소류는 그대로 먹지만 어류나 육류는 구워서 조리한다.

6) 쇼유쓰케(醬油漬 ; しょうゆづけ) – 간장절임

조미한 간장에 말리거나 소금에 절인 재료를 넣어 절인다. 재료로는 채소류나 어류 등이 이용되며, 연어절임이 대표적이다.

7) 코지쓰케(麴漬 ; こうじづけ) – 누룩절임

소금에 절인 채소를 쌀누룩을 원료로 하여 절인 것으로, 다른 절임보다 단맛이 강하다. 배추, 순무 등의 재료를 사용하지만, 무의 벳타라즈케(べったら漬け)가 대표적이라 할 수 있다.

8) 가라시쓰케(辛し漬 ; からしづけ) – 겨자절임

채소를 겨자, 소금, 누룩 등으로 절인 것으로, 특히 작은 가지를 그대로 절인 것이 유명하다. 그 외에도 순무, 무, 당근, 오이 등을 이용하기도 하며, 술안주나 밥반찬으로도 적당하다.

9) 모로미쓰케(諸味漬 ; もろみづけ) – 전국절임

간장을 거르지 않은 전국에 채소를 단시간 절인 것이다. 절인 재료는 씻지 않고 그대로 먹는다. 모로미는 미림이나 청주를 넣고 희석시켜서 사용하기도 하며, 절임재료로는 무, 오이, 생강 등이 있다.

⑵ 츠케모노의 조리

1) 우메보시(梅干 ; うめぼし) – 매실지

우메보시(매실지)는 매화나무의 열매를 염장하여 말려서, 차조기 잎을 넣고 색을 내어 절인 일종의 매실장아찌로서, 초여름에 미숙한 과실을 채취하여 만든다. 나라시대(奈良時代)에 그 제법이 중국으로부터 전래되었다고 하며, 지금의 모양을 갖추게 된 것은 에도시대(江戸時代)에 이르러서였으나, 기호식품으로 유지되다가 모모야마시대(桃山時代)에 와서 부식으로 이용하게 되었다.

도시락 주먹밥의 속재료나 우메비시오(梅醬 ; うめびしお–매실육에 설탕을 섞어 갠 식품), 우메보시가유(梅干粥 ; うめぼしがゆ – 매실죽), 우메보시니(梅干煮 : うめぼしに ; 소금기를 빼고 가쓰오다시에 조린 것) 등의 조리에 사용된다.

만드는 방법은 다음과 같다.

① 6월에 수확한 청매실을 물로 씻어 물기를 제거한다.
② 물기를 뺀 매실에 30% 정도의 소금을 섞어 항아리 등의 용기에 넣어 절인다.
③ 매실이 터지거나 모양이 변형되지 않게 눌러 약 3일간 절여진 매실즙을 빼내어 받아둔다.
④ 그 상태로 계속 눌러주면서 약 4주간 냉암소에서 절여지도록 한다.
⑤ 7월에 아카지소(赤紫蘇 ; あかじそ)의 잎을 취하여, 매실 무게의 10% 양을 소금으로 비빈다.
⑥ 소금에 절여진 매실의 즙(梅酢 ; うめす)으로 아카지소를 버무린다.
⑦ 이렇게 하면 매실즙의 산성(酸性)에 의해 색소가 새빨간색을 띠게 된다.
⑧ 빨갛게 염색된 매실즙과 시소잎을 절여진 매실과 함께 재차 절여준다.
⑨ 도요(土用 : どよう ; 입추 전 18일)가 되면, 매실과 잎을 취하여 체에 걸러준다.
⑩ 말린 열매를 절임즙으로 다시 불려서 시소잎으로 덮은 뒤 눌러서 냉암소에 보관한다.

2) 시오쓰케(鹽漬 ; しおづけ) – 채소소금절임

재료

오이, 초생강, 무, 당근, 양배추, 열무, 단무지, 열무, 국화

조리법

❶ 규리쓰메루 ; 오이 속을 빼고 베니쇼가(초생강)를 다져 넣어 썰어낸다.

❷ 시오쓰케무시 ; 오이, 무, 당근, 다시마, 양배추 등은 소금에 절여 썰어서 쪄낸다.

❸ 시오쓰케 ; 열무는 소금절임하여 썰어낸다.

❹ 다쿠앙쓰메루 ; 단무지의 속을 파고 오이를 채워 넣어 썰어낸다.

❺ 국화꽃으로 장식한다.

3) 츠케모노 모리아와세(漬物盛合 ; つけものもりあわせ) – 츠케모노 모둠

재료

마늘, 가쓰오부시, 가지, 참외지, 무, 오이, 우엉, 단무지, 산고추(작은 고추절임)

조리법

❶ 마늘은 가쓰오부시 양념한다.

❷ 가지는 벳다라쓰케한다.

❸ 참외지는 나라쓰케한다.

❹ 오이는 소금절임한다.

❺ 오이, 우엉, 무는 소금절임하여 가쓰라무키한 무로 말이한다.

❻ 단무지와 함께 모둠으로 담아낸다.

14 오카시(お菓子；おかし) – 과자

주로 디저트로 사용되는 것으로 과자류, 화과자, 양갱, 계절과일 등이 있다.

(1) 오카시의 종류

1) 나마카시(生果子；なまかし) – 생과자

① 미즈요캉(水羊羹) : 한천(寒天)을 끓여서 풀어 팥을 이겨 만든 과자. 물기를 많이 하여 물렁하게 만든 것

② 무시만주(蒸饅頭) 만두 : 밀가루 반죽에 팥소나 고기소를 넣고 찐 것

2) 한나마카시(半生果子；はんなまかし) – 반생과자

① 아마낫토(甘納豆) : 삶은 팥 · 광저기 등에 설탕을 버무린 과자

② 기비단고(黍団子；きびだんご) : 기장으로 만든 떡

③ 모나카(モナカ) : 쌀가루를 반죽하여 얇게 밀어 구운 것에 팥소를 넣은 과자

3) 호시카시(干菓子；ほしかし) – 건과자

① 라쿠간(落雁) : 보릿가루 따위에 설탕을 섞어 반죽하여 말린 과자

② 오코시(興；おこし) : 튀긴 곡물에 깨 · 콩 등을 섞어 물엿과 설탕을 입힌 과자

4) 미즈카시(水菓子；みずかし) – 과일

과일은 구다모노(果物；くだもの)라고도 하며, 오래전 과자가 만들어지기 전까지는 과일을 오카시(お果子)라고 불렀다. 이후 생과자, 건과자, 반건과자 등이 생겨나면서 과일을 미즈카시(水菓子)라 부르게 되었고, 오카시(お菓子)라는 말도 미즈카시(水菓子)에서 유래되었다고 한다. 오카시는 화과자(和菓子), 양과자(洋果子), 중화과자(中華果子) 등으로 분류되기도 한다.

(2) 오카시의 조리

1) 미즈카시(水菓子 ; みずかし) – 계절과일

최근 일본요리 식당에서 사용되는 디저트는 대체적으로 계절과일을 사용하지만 경우에 따라서는 계절이나 지역에 관계없는 열대과일들도 사용하고 있다. 이는 고급스러운 고객들의 입맛에 맞추기 위함이라 생각한다. 때로는 과일 사이에 요캉이나 양갱, 디저트용 과자를 같이 담아내기도 한다. 다음은 시중에서 고객에게 제공되는 디저트의 예이다. 과일의 종류보다는 그 깎은 모양을 눈여겨보기 바란다.

무화과, 머스크멜론, 밀감

사과, 키위, 밀감

사과, 키위, 단감

배, 애플망고, 포도, 머스크멜론, 양갱

배, 애플망고, 거봉, 딸기, 머스크멜론, 아이스크림

딸기디저트

디저트 과일

2) 요캉(羊羹 ; ようかん) – 양갱

재료

팥앙금 4kg, 판젤라틴 50g, 설탕 600g, 소금 3Ts, 한천 100g

조리법

❶ 물 2L에 팥앙금을 넣고 끓여준다.

❷ 판젤라틴을 물에 담갔다가 끓을 때 넣어준다.

❸ 한천과 설탕, 소금을 넣어 간을 한다.

❹ 스텐밧드(Stainless vat – 스테인리스 사각용기)에 식혀 모양별로 찍어서 사용한다.

▲ 스텐밧드에 식힌 양갱

① 북해도 멜론

홋카이도(北海道) 지방의 특산물인 북해도에서 나는 머스크멜론이다.

겉모양은 우리의 머스크멜론과 다르지 않으며, 과육은 호박과육의 색처럼 진하다.

가격은 한 조각에 우리나라 멜론 1개와 비슷하며, 먹어보면 가격이 아깝지 않을 정도로 상당히 달고 맛이 좋다.

※ 멜론의 후숙을 위한 저장

- 실내온도에서 환기가 잘되는 방에 놓는다.
- 바닥에 닿는 면을 날마다 돌려놓는다.
- 향이 달게 느껴지고, 아랫부분을 눌러보았을 때 딱딱하지 않고 부드러워졌으면 익기 시작한 것이다.

3) 당근양갱

재료

당근, 판젤라틴, 설탕, 소금, 한천, 해바라기씨

조리법

❶ 당근을 갈아 물과 함께 끓여 준다.

❷ 판젤라틴을 물에 담갔다가 끓을 때 넣어준다.

❸ 한천과 설탕, 소금을 넣어 간을 한다.

❹ 식혀서 모형틀에 찍어내어 해바라기 씨를 얹어낸다.

- 이전에는 아마이모노(甘物)라고 하여 디저트에 사용하는 양갱 종류를 아주 단맛이 강하게 하는 특성이 있었다. 하지만 현대에 이르러서는 건강을 생각하는 경향 때문에 너무 달게 조리된 음식을 회피하는 경향이 있다. 그 때문에 최근에는 양갱도 가급적 뒷맛이 깨끗할 정도의 약한 단맛으로 조리하고 있다.

15 스시(寿司 ; すし) – 초밥

대표적인 일본요리 중 하나로 스시의 기원은 酢し로서, 어개류를 염장하여 자연스럽게 발효하여 산미를 발생시킨 것을 말한다. 밥과 생선이 함께 절여진 것으로 발효된 산미를 살리는 것이 포인트이다.

스시의 역사를 살펴보면, 약 10세기경으로 거슬러 올라갈 수 있는데 생선살이나 조개류를 소금에 절인 뒤 발효시켜 자연의 산미가 생겨나도록 한 것을 이르는 말로 저장을 위한 일종의 보존식이었다. 이러한 것은 중국대륙으로부터 전래된 스시메루(酢しめる)라고 하는 저장법이었는데, 1600년대 초에 이르러 발효를 빨리 진행시키기 위해 붕어의 뱃속에 밥을 채워 넣어 발효시켜 만든 나레즈시(なれ壽司)가 생겨났고, 밥에 식초를 넣어 나레즈시보다 빠르게 발효시키는 법이 연구되어 밥도 같이 먹게 되었다. 후에 많은 변천을 통해 밥을 따로 비벼서 간단하게 손으로 쥐어 먹을 수 있는, 니기리즈시(握り壽司)가 탄생하여 현재에 이르고 있다.

(1) 스시의 종류

1) 에도마에즈시(江戸前鮨 ; えどまえずし) – 관동식 초밥

① 니기리즈시(握り鮨) : 주먹초밥

② 지라시즈시(散らし鮨) : 일본식 회덮밥

③ 마키모노(巻物) : 말아낸 초밥

④ 후토마키(太巻き) : 김초밥

⑤ 데마키(手巻き) : 손말이초밥

⑥ 에도마에사이쿠즈시(江戸前細工鮨) : 관동식 세공초밥

⑦ 이나리즈시(稲荷壽司) : 유부초밥

2) 가미가타즈시(上方鮓 ; かみがたずし) – 관서식 초밥

① 하코즈시(箱鮓) : 상자초밥

② 사바즈시(鯖鮓) : 고등어초밥

③ 후토마키(太巻き) : 김초밥

④ 다테마키(立巻き) : 구운 달걀말이

⑤ 가미가타후우바라즈시(上方風ばら鮓) : 관서식 회덮밥

⑥ 무시즈시(蒸し鮓) : 찜초밥

3) 스시의 조리법

① 초밥과 쌀

초밥을 하기 위한 밥은 꼬들꼬들하게 지어야 한다고 알려져 있다. 밥을 한 후 초밥초로 버무려서 밥알 하나하나가 초밥초로 코팅되도록 해야 하기 때문이다. 그래서 초밥에 적당한 쌀은 수분함량이 비교적 높은 햅쌀보다는 수분함량이 낮은 묵은쌀이 더 적당하다.

묵은쌀을 잘 씻어 30분 정도 물에 담갔다가 밥 지을 물을 약간 적은 듯하게 잡아서 밥을 지은 다음, 즉시 초밥초에 버무려 체온과 같은 온도로 식혀서 사용한다. 이때 초밥초의 비율은 식초 3, 설탕 2, 소금 0.8 정도가 이상적이며 레몬이나 스다치 즙을 조금 넣어 사용한다. 밥과 초밥초의 버무리는 비율은 밥 한 공기에 초밥초 1Ts 정도가 이상적이지만, 밥의 온도나 식초의 종류에 따라 그 양을 조절할 수 있다.

② 초밥과 다네(種 ; たね)

다네(種)는 초밥의 재료를 의미하며 대체적으로 생선을 많이 사용하고, 샤리(シャリ)는 초밥초에 버무려 놓은 초밥을 말한다. 니기리즈시(握り寿司 : 주먹초밥) 1개의 크기는 쥐는 사람에 따라 상이하지만, 다네와 샤리의 비율은 4 : 6 정도로 그 무게는 대체로 30g 정도이다.

부드러운 초밥을 위해 샤리가 너무 단단하게 뭉쳐져도 안 되지만, 손가락이나 저분으로 집을 때 부서지지도 않아야 하므로 경도에 유념해야 한다. 또한 초밥을 먹는 순서도 비교적 약하여 담백하고 부드러운 맛을 가진 시로미(白身 : 흰살생선)로 시작하여 지방함량이 높은 생선, 히카리모노(光り物 : 등푸른생선), 오징어, 조개류, 갑각류의 순으로 진행한다.

⊙ 초밥 먹는 법

❶ 간장이 다네에만 묻고 샤리에는 묻지 않도록 하며, 생선이 입안 아래로 향하도록 먹는다.

❷ 보통은 저분으로 집어 먹지만, 초밥은 손가락으로 집어도 결례가 되지 않는다.

❸ 오차, 청주, 맑은국, 된장국 등으로 입가심을 하거나, 가리(カリ, 酢生姜 : 초생강)로 입맛을 초기화하여 다음 생선의 맛을 최대한 느낄 수 있도록 한다.

❹ 끝맺음은 데마키나 다마고로 하며, 면 종류로 마무리할 수도 있다.

❺ 순서가 중간쯤 진행되었을 경우, 자기가 특별히 좋아하는 생선재료를 선택하여 주문하여 먹을 수도 있다.

(2) 스시의 조리

1) 니기리즈시(握り鮨 ; にぎりずし) – 주먹초밥

현대의 가장 대표적인 스시로서, 재료로는 참치의 뱃살인 도로, 아카미, 광어 지느러미살, 도미의 뱃살, 전복, 장어, 농어, 연어, 우니 등이 사용되고 있다.

손으로 쥐어 말았다고 하여 니기리(握 ; 쥘 악)라고 하며, 일반적으로 스시라고 하면 바로 이 니기리즈시를 이른다.

2) 지라시즈시(散鮓 ; ちらしずし) – 일본식 회덮밥

초밥과 스시의 내용물을 따로 담아 입안에 따로따로 넣어 초밥을 먹는 방식의 일본식 회덮밥으로, 비벼서 먹는 한국의 회덮밥과는 다소 차이가 있다.

재료

연어, 도미, 새우, 문어, 참치, 달걀, 날치알, 통생강, 찐 어묵, 건표고, 시소, 와사비, 간표, 오이, 무순, 초밥김, 쌀, 오보로, 레몬

조리법

❶ 밥을 지어 초밥을 만들어 담아둔다.

❷ 간표와 건표고를 물에 불려 씻어 조려둔다(다시 1컵, 간장 2Ts, 청주 2ts, 설탕 2ts).

❸ 밥 위에 간표와 건표고조림, 오보로를 올리고, 앞쪽에 각각의 재료가 색과 조화를 이루도록 하여 담아낸다.

호텔에서의 지라시즈시

장어지라시즈시

참치, 연어지라시즈시

3) 네기도로 호소마키(葱トロ細巻き ; ねぎトロほそまき)
– 참치뱃살과 대파를 이용한 김초밥

재료

도로, 대파, 초밥, 와사비, 김, 초생강, 스다치, 파슬리

조리법

❶ 도로의 힘줄을 제거하고 칼로 다진다.

❷ 대파의 속을 빼내고 잘게 썰어 다진다.

❸ 두 가지를 섞어 나카미로하여 호소마키를 말아준다.

❹ 두 줄을 말아 각각 6등분하여 가지런히 접시에 담아낸다.

❺ 초생강, 스다치 등으로 장식하여 낸다.

4) 노리마키(海苔巻 ; のりまき) – 김초밥

재료

초밥, 간표(干瓢 ; 박고지)조림, 오이, 달걀, 생선오보로(朧), 초생강, 간장

조리법

❶ 밥을 고슬하게 지어 초밥초에 버무려 식혀놓는다.

❷ 간표를 씻어 불린 다음, 다시에 설탕, 미림을 넣어 끓인 후, 간장을 넣고 조려준다.

❸ 오이의 씨를 갈라내고 길게 4등분한다.

❹ 달걀에 다시, 설탕, 소금으로 양념하여 달걀말이한다.

❺ 흰살생선살을 삶아 행주로 짜서 수분을 제거한 후, 설탕 · 소금으로 간을 하고 색소로 색을 내어 중탕으로 건조시켜, 생선 오보로를 만든다.

❻ 김 한 장에 4/5 정도로 초밥을 펼쳐놓고 한가운데 재료를 가지런히 넣어 만다.

❼ 김밥을 8등분하여 용기에 담아 초생강과 간장을 곁들여낸다.

5) 이나리즈시(稲荷壽司 ; いなりずし) – 유부초밥

재료

유부, 초밥, 당근, 참깨, 우엉, 당근, 미나리

조리법

❶ 우엉, 당근 등을 잘게 썰어 간장과 설탕으로 조린다.

❷ 조려진 재료와 참깨를 넣어 초밥을 섞어준다.

❸ 유부에 버무린 초밥을 넣고 모양을 내어준다.

- 맛을 균질화시키기 위하여 유부도 연한 간장 간을 하여 약간 달게 조려주는 것이 좋다. 또한 조리기 전에 유부를 끓는 물에 데쳐 기름기를 제거하면 느끼한 맛을 없앨 수 있다. 또한 기름에 튀겨진 유부의 표면에 기름이 공기와 만나 산패될 수 있으므로 조리 시 반드시 이 과정을 거치도록 한다.

6) 니기리즈시 벤토(弁當 ; べんとう) – 초밥 도시락

7) 응용되어 만든 초밥의 다양한 모양

광어군함말이초밥

참치깃발초밥

참치군함말이초밥

우니즈시

초밥모둠

아부리즈시(炙り寿司 ; あぶりずし) – 구운 초밥

원래 아부리는 야키모노(焼き物)와 비슷한 뜻으로 사용되었으나, 최근에는 화로 등에 손을 쬐듯이 재료를 굽는 요리법으로 활용되고 있다. 특히 요즘에는 가스 토치램프로 스시의 재료에 불을 쬐어, 겉부분만 구워져 색과 맛이 나게 하는데 아주 유용하다.

광어 엔가와의 아부리스시(炙り)

도로의 아부리즈시

⊙ 초밥집의 은어

초밥전문점에서만 사용되는 언어로 전문조리사들이라면 반드시 숙지하고 있어야 한다.

- 아가리(アガリ) : 엽차 또는 엽차를 담는 자기로 만든 잔을 말하며, 보통은 식사의 끝에 나오는 엽차를 지칭하는 경우가 많다.
- 오도리(オドリ) : 살아 있는 차새우를 껍질과 내장만 제거하고 사용하는 것을 말하며, 머리나 꼬리 끝을 뜨거운 물에 데쳐서 초밥을 만들어놓으면, 그 모습이 춤추는 새우를 연상케 한다 하여 붙여진 이름이다.
- 갓파(カッパ) : 오이 또는 오이를 속재료로 하여 만든 김초밥으로, 갓파마키(カッパ巻き)의 약어. 상상 속의 동물인 갓파가 가장 좋아하는 것이 오이라는 데서 유래되었다고 한다.
- 가리(ガリ) : 초생강. 초밥에 곁들이는 생강으로 슬라이스한 생강을 아마즈(甘酢)에 절인 것을 말하며, 초밥을 먹기 전이나 다른 초밥으로 바꿔 먹을 때, 입가심을 하도록 먹어준다.
- 교쿠(ギョク) : 달걀말이. 다마고(玉子)의 '玉'자를 음독으로 읽을 때 나는 발음으로, 다마고마키(玉子巻き)의 약어로 교쿠라고 한 데서 유래되었다고 한다.
- 게소(ゲソ) : 오징어 다리. 또는 오징어 다리를 살짝 구워 만든 초밥요리를 말한다.
- 사비(サビ) : 와사비. 고추냉이. 초밥에 곁들이는 와사비를 말하며, 와사비의 준말로 사용되고 있다.
- 샤리(シャリ) : 초밥요리에 사용하기 위하여 초밥초로 비벼놓은 밥을 말하며, 불교에서 말하는 사리(舍利)의 발음에서 유래된 것으로, 초밥이 사리와 같이 소중하다는 의미를 담고 있다.
- 다치(立ち) : 스시카운터. 초밥다이. 스시다이. 보통은 카운터를 뜻하며, 조리사가 서서 초밥을 만든다고 하여 유래된 명칭이다.
- 다마(玉) : 피조개. 피조개의 살이 둥그렇게 구슬모양을 하고 있다 하여 붙여진 이름이다.
- 다네(タネ) : 초밥에 사용되는 주재료를 말하며, 생선을 포함한 수조육류와 채소 등도 포함된다. 거꾸로 발음하여 네타(ネタ)라고도 한다.
- 즈케(ズケ) : 참치의 붉은 살. 예전에 참치를 간장에 절여서 보존하였는데, 이를 지칭하는 의미로 불리는 이름이다.
- 뎃카마키(鉄火巻き) : 다랑어의 붉은 살을 이용하여 만든 김초밥을 말하며, 도박장에서 간단한 식사로 이용되었다 하여 유래되었고, 약어로 뎃카(てっか)라고도 한다.
- 뎃포(テッポウ) : 김초밥. 김밥의 모양이 철포(鉄砲)와 같다 하여 생겨난 이름이다.
- 도로(トロ) : 참치뱃살. 다랑어의 부위 중에서 지방의 교잡도가 높은 부위로, 보통은 배부분의 살을 지칭하며, 지방함량이 높은 정도에 따라 오도로(大トロ), 주우도로(中トロ)로 구별되는데 맛이 상당히 고소하게 느껴진다.
- 나마(ナマ) : 초밥에 쓰이는 생재료를 말하며, 날것으로 사용되는 모든 초밥재료를 지칭한다.
- 나미다(ナミダ) : 와사비. 고추냉이. 이것을 먹으면 매워서 눈물이 난다 하여 유래된 명칭이다.
- 니기리(煮ギリ) : 조려서 만든 양념간장으로, 초밥재료를 찍어 먹거나 발라주는 용도로 사용하는 간장을 말한다.
- 니모노(煮物) : 삶아서 익힌 재료로 만든 초밥을 말하며, 하모, 붕장어, 대합 등의 재료를 익혀서 만든 초밥요리를 지칭한다.
- 히카리모노(光り物) : 등이 푸른빛을 내는 생선을 지칭하며, 초밥재료로 사용되는 것은 고등어, 전갱이, 전어, 정어리, 학꽁치 등이 대표적이다.

16 요세모노(寄物 ; よせもの) – 굳힘요리

(1) 요세모노의 종류

1) 간텐(寒天 ; かんてん) – 한천

① 한천은 산과 염분에 약하므로 신맛이 강한 재료를 사용할 경우, 한천액에 젤라틴을 첨가하면 응고시키기 쉽다. 또한 한천액을 80℃ 이하로 하여 굳어질 즈음에 재료를 넣는 방법도 있다.

② 한천은 한 시간 정도 물에 담가서 부드러울 때 물기를 짜서, 적당한 분량으로 절단하여 약한 불에서 조린다.

③ 맛을 낼 경우에는 한천이 용해되었을 때 조미료를 넣어야 한다.

④ 한천의 응고온도는 25℃ 정도이고, 나가시캉(流缶)에 붓기 전에 미리 내부를 적셔준다.

2) 젤라틴(gelatine)

① 충분한 물에 담가 수분을 흡수할 만큼의 물을 가하여 녹인다. 물을 흡수하지 않은 부분이 있으면 용해되기 어렵다.

② 한천에 비해 응고온도가 낮으므로(10℃ 이하) 냉장고에서 응고시키도록 한다.

3) 구즈요세(葛寄せ ; くずよせ) – 물전분

① 반드시 갈분(칡전분)을 사용해야 하며, 다른 전분을 사용하면 응고된 것이 다시 녹을 수 있다.

② 갈분을 물 등에 섞어 굳기 전에 체로 거르면, 입자가 부드러워진다.

③ 물에 이기면서 가열하여 투명해지도록 한다.

(2) 요세모노의 조리

1) 니코고리(煮凝り；にこごり) – 복껍질굳힘

재료

복껍질(겉, 속), 실파, 젤라틴, 다시, 미림, 간장, 소금

조리법

❶ 복껍질을 삶아 젤라틴을 넣어준다.

❷ 간장과 소금으로 간을 하여 식혀낸다.

❸ 식은 뒤 용도에 따라 썰어서 사용한다.

• 복어껍질을 끓이면서 콜라겐 성분이 녹아나와 젤라틴처럼 굳어지는 성질을 이용한 요리로서, 피부미용과 노화방지에 도움이 되므로 고객들에게 권하기 쉬운 건강요리이다. 젠사이나 진미요리에 많이 사용되고 있다.

2) 갈분을 이용한 요리

재료

흰살생선살, 목이버섯, 피망, 은행, 전분, 다시, 미림, 청주, 소금

조리법

❶ 흰살생선살을 양념하여 튀겨둔다.

❷ 용기에 튀김을 담고, 생선살을 올려 장식한다.

❸ 물전분을 풀어 걸쭉하게 한다.

❹ 피망 · 버섯을 올리고, 전분을 풀어 끼얹어준다.

- 중국요리의 영향을 받아 물전분을 풀어 올린 요리이다. 이렇게 조리하면 음식의 맛을 더욱 풍요하게 해주며, 외관상 고급스럽게 보이기도 한다. 곁들이는 채소에 다양하게 변화를 주며 조리하도록 한다.

17 멘루이(麵類 ; めんるい) – 면요리

(1) 소바(蕎麥 ; そば) – 메밀국수

1) 차소바(茶蕎麥 ; ちゃそば) – 녹차메밀국수

재료

메밀국수, 무, 실파, 대파, 와사비, 김, 소바다시(간장 1, 다시 7~9, 청주 1/2, 설탕 1/3)

조리법

❶ 무를 강판에 갈아 물기를 제거하여 둔다.

❷ 실파를 잘게 썰어 물에 씻어둔다.

❸ 김을 하리노리로 썰어둔다.

❹ 대파의 흰 부분을 가늘게 썰어둔다.

❺ 소바다시를 만들어 차게 식혀 담아낸다.

❻ 메밀국수를 삶아 냉수에 헹군 뒤 건져서 하리노리를 얹어낸다.

❼ 야쿠미로 무즙, 실파, 와사비를 담아낸다.

• 소바는 일본요리에서 여름철 별미로 꼽는 요리이다. 특히 일본사람들이 좋아하는 녹차를 섞어 만든 메밀국수인 차소바는, 녹차에 끈기가 없는 이유로 맛이나 질감 면에서는 다소 끊어지는 듯한 느낌이 있지만, 건강적인 면에서는 좋다는 인식을 가지고 있어 매우 즐겨하므로 일본고객을 상대로 하는 경우에 매우 유용한 메뉴이다.

차소바

차소바 세트메뉴

2) 자루소바(笊蕎麥 ; ざるそば) – 메밀국수

대나무 자루에 담아낸 메밀국수로서 김을 얹어내어 모리소바(盛蕎麥)라고도 한다. 조리법은 차소바와 같다.

3) 야키소바(燒蕎麥 ; やきそば) – 볶음메밀국수

재료

당근, 피망, 양파, 메밀국수, 김, 가쓰오부시, 햄, 생강, 버터, 후추, 간장, 상추잎

조리법

❶ 당근, 피망, 양파를 가늘게 썰어둔다.

❷ 김과 생강을 채썰어 각각 하리노리, 하리쇼가로 만든다.

❸ 메밀을 살짝 삶아 냉수에 헹구어 식혀서 건져둔다.

❹ 팬을 달구어 버터를 두르고 당근을 먼저 볶는다.

❺ 다른 채소와 메밀국수를 넣고 볶다가 소금, 후추, 간장으로 간을 한다.

❻ 상추를 깔고 담아내어 가쓰오부시, 하리노리, 하리쇼가를 곁들여낸다.

(2) 우동(饂飩 ; うどん) – 우동국수

1) 가케우동(掛饂飩 ；かけうどん) – 우동

뜨거운 국물에 담아낸 우동을 말하며 재료 및 조리법은 다음과 같다.

재료

우동국수, 다시, 간장, 청주, 소금, 미림, 유부, 쑥갓, 덴카스

조리법

❶ 우동면을 삶아서 건져둔다.

❷ 유부는 데쳐 채썰고, 덴카스를 만들어둔다.

❸ 우동다시를 맞춘다(간장 1, 다시 10~12, 청주, 미림).

❹ 우동다시에 우동면을 넣고 삶아 용기에 담아낸다.

❺ 유부와 쑥갓, 덴카스를 얹어 마무리한다.

2) 나베우동(鍋饂飩 ; なべうどん) – 냄비우동

재료

배추, 대파, 버섯, 어묵, 당근, 새우, 쑥갓, 백합조개, 오징어, 우동면

조리법

❶ 배추를 삶아놓고 오징어와 새우를 데쳐놓는다.

❷ 조개는 해감을 토하게 하고 어묵은 가리비모양으로 잘라놓는다.

❸ 당근은 꽃을 만들고 표고버섯에 모양을 낸다.

❹ 우동다시를 만든다(간장 1, 다시 10~12, 청주, 미림).

❺ 우동면을 삶아 찬물에 헹궈놓는다.

❻ 냄비에 재료들을 가지런히 놓고 우동다시를 붓는다.

❼ 끓으면 거품을 제거하고 익혀서 완성한다.

• 냄비우동의 재료는 좋아하는 재료를 선택하여 넣을 수 있다.

3) 야키우동(燒饂飩 ; やきうどん) – 볶음우동

재료

우동면, 양배추, 당근, 양파, 피망, 햄 또는 베이컨, 돈가스소스, 가쓰오부시(일산), 버터

조리법

❶ 양배추, 당근, 양파, 피망을 각각 채썬다.

❷ 우동면을 삶아 찬물에 식혀둔다.

❸ 팬을 달구어 버터를 두른 뒤, 당근, 양배추, 양파, 피망의 순으로 넣고, 우동을 넣어 볶아 준다.

❹ 소금과 후추로 간을 약하게 한 후 돈가스소스를 뿌려 섞어준다.

❺ 가쓰오부시를 살짝 구워 바삭하게 하여 올려낸다.

• 마요네즈나 하리쇼가를 곁들여도 좋다.

(3) 소멘(素麵 ; そうめん) – 소면국수

한국의 가락국수와 유사하며 뜨거운 것을 니멘(煮麵 ; 온소면)이라 하고, 차가운 것을 히야시소멘(冷やし素麵 ; 냉소면)이라 한다. 냉소면은 소바다시에 넣어 먹는 경우가 많으며 온소면의 재료와 조리법은 다음과 같다.

재료

소면국수, 버섯, 파, 닭고기, 다시, 간장, 소금, 청주

조리법

❶ 소면을 삶아 건져 냉수에 헹궈놓는다.

❷ 버섯을 슬라이스하고, 대파도 반으로 쪼개어놓는다.

❸ 닭고기를 끓는 물에 데쳐 한입 크기로 잘라둔다.

❹ 다시에 간장과 소금, 청주로 약하게 간을 하고 소면을 넣어 끓인다.

❺ 살짝 끓여낸 것을 용기에 담아낸다.

제3장 전문 레스토랑의 일본요리 메뉴

한국에서 일본요리를 전문으로 하는 레스토랑의 유형은 상당히 다양하다. 대개는 '○寿司', '○○寿司'라는 간판을 달고 '○수사' 또는 '○스시'라고 읽으며, 메뉴는 스시를 전문으로 하거나 회와 요리를 전문으로 하는 경우가 많다. 스시를 전문으로 하는 경우 초밥전문점, 회전초밥점과 스시뷔페점 등으로 나눌 수 있으며, 좀 더 서민적으로 내려간 경우 횟집 또는 회센터 등도 있고 최근에는 이러한 메뉴를 취급하는 프랜차이즈업체도 성업 중이다. 다루는 생선에 따라 분류되는 경우도 있는데, 이를테면 장어전문점, 복어전문점 또는 라멘, 우동, 소바전문점부터 이자카야(주점)에 이르기까지 그 종류가 매우 다양하다.

1 일본요리 전문점

일본요리 전문점에서의 메뉴는 주로 회와 초밥, 그리고 그에 곁들이는 요리 등으로 이루어져 있으며, 점심메뉴로는 정식메뉴, 식사메뉴 등이 있다.

생선회를 주문하면 전체가 코스로 이루어져 제공되는데, 그 형식은 술을 즐기기 위한 요리인 가이세키요리(会席料理)와 유사하게 진행되고 있다. 대체로 저녁에는 사업상 손님접대로 이루어지는 경우가 많고, 비싼 술을 마실 경우 더욱 높은 가격이 나올 수도 있다. 그러나 점심은 정식이라 하여 비교적 저렴한 가격으로 회나 구이, 튀김, 조림 등 다양한 음식을 세팅하여 판매하기도 하며, 매운탕이나 생선지리 같은 단품메뉴도 내놓고 있다.

(1) 생선회

1) 코스요리용 단품생선회

재료

얼음집, 광어, 도미

조리법

❶ 얼음을 갈아 가다로 찍어 얼음집을 만든다.

❷ 흰살생선을 적당한 두께로 썰어 자연스럽게 담아낸다.

• 여름철에 주로 많이 사용되는 방법이다. 얼음을 기계로 분쇄한 것을 성형틀에 넣고 찍어내어 다시 얼려서 사용한다. 얼음집 속에 생선회를 담아 고객들에게 상쾌함과 시원한 느낌을 줄 수 있다.

2) 모둠생선회

재료

참치, 광어, 도미, 전복

조리법

❶ 전복은 칼집을 넣고 썰어 껍질에 담는다.

❷ 참치는 도톰하게, 흰살생선은 약간 얇게 썰어 담는다.

❸ 각종 채소와 꽃 등으로 장식하여 낸다.

• 일본요리 전문점의 전형적인 생선회 모습이다. 가격이 올라갈수록 참치의 붉은 살이 뱃살(도로)로 바뀌고, 같은 종류의 생선이라도 부위를 달리 사용하거나, 양식산보다는 자연산으로 제공되는 경우가 많다.

3) 참치회

재료
얼음그릇, 참치, 장식용 채소

조리법
❶ 얼음그릇을 준비한다.
❷ 참치를 저며썰어 자연스럽게 담아낸다.
❸ 여름철에 사용하는 방법이다.

• 성형틀에 물을 부어 얼려서 사용한 얼음그릇이다. 경우에 따라서는 통얼음에 직접 얼음을 조각하여, 무늬를 넣은 얼음접시를 만들어 사용하기도 한다.

4) 전복구이를 곁들인 모둠회

재 료

전복, 참치, 광어, 도미

조리법

❶ 전복은 버터구이한다.

❷ 참치는 가쿠기리고하고, 광어는 우스즈쿠리한다.

❸ 도미는 도톰하게 썰어 레몬을 사이에 끼운다.

❹ 각종 채소와 꽃으로 장식하여 낸다.

• 생선회 중앙을 전복버터구이로 자리 잡아 담아낸 다소 특이한 형태의 생선 모둠회이다.

5) 바닷가재와 모둠회

재료

로브스터(바닷가재), 부리(방어), 사요리(학꽁치), 아마에비(단새우), 우니, 아카가이(피조개), 다이라가이(키조개), 도리가이(새조개), 사자에(소라), 유무시(개불), 도사카노리, 래디시, 장미꽃, 레몬, 당근, 난꽃, 무겡, 파슬리, 시소

조리법

❶ 로브스터(Lobster)를 꼬리(Tail) 부분의 살점을 발라 얼음물에 담가 아라이한다.

❷ 피조개는 썰어서 날개처럼 칼집을 내고, 우니는 판째로 오려놓는다.

❸ 키조개를 손질하여 내장을 제거하여 썰고, 새조개는 갈라 썬다.

❹ 각 재료에 맞게 썬 회에 채소를 깔고 올려놓는다.

❺ 모양낸 각종 채소로 장식하여 낸다.

6) 활어모둠회

재료

로브스터(바닷가재), 유무시(개불), 아이나메(놀래미), 다코(문어), 다이(도미), 아카가이(피조개), 다이라가이(피조개), 사자에(소라), 부리(방어), 시소, 겡, 와사비, 당근나비, 소국화꽃, 도사카노리, 무순, 레몬

조리법

❶ 놀래미를 손질하여 이키즈쿠리한다.

❷ 로브스터, 개불, 문어, 도미, 피조개 등을 손질하여 썰어놓는다.

❸ 소라를 껍질에서 분리하고, 피조개도 손질하여 내장을 제거한다.

❹ 겡과 채소를 깔고 각 재료를 색상에 맞추어 담는다.

❺ 장식 채소로 마무리하여 낸다.

(2) 일품요리

1) 전복조림

재 료

전복, 홍고추, 청고추, 송이버섯, 장어데리소스

조리법

❶ 전복을 손질하여 열십자로 칼집을 넣는다.

❷ 팬을 달구어 장어데리와 전복을 조린다.

❸ 전복껍질에 전복을 담아낸다.

❹ 송이와 고추를 넣어 완성한다.

2) 스리미아게(擂身揚; すりみあげ) – 간 생선살 튀김

재료

흰살생선살 간 것(스리미), 시소, 미림, 난백, 간장, 산마

조리법

❶ 스리미 3에 마 1의 비율로 스리바치에서 섞는다.

❷ 기름온도를 160℃ 정도로 하여 저온튀김한다.

❸ 스리미의 간을 맞추고 시소에 싸서 튀겨낸다.

❹ 당면을 튀겨 받침으로 사용한다.

❺ 덴가미를 깔고 튀김을 담아낸다.

3) 생선튀김

재료

볼락, 꽈리고추, 식용유, 맛소금

조리법

❶ 손질한 볼락의 살을 떼어내고 소금 간하여 튀겨낸다.

❷ 살은 맛소금으로 간을 하여 전분을 발라 튀긴다.

❸ 속까지 익도록 저온에서 오래 튀긴다.

❹ 꽈리고추를 살짝 튀겨 곁들여 담아낸다.

• 작은 생선의 살을 발라내어 소금으로 밑간하여 튀겨낸 요리로, 생선의 종류에 관계 없이 조리할 수 있다. 다만 여기에서는 적색의 볼락을 사용하였지만, 검정에 가까운 생선을 사용할 경우 새우를 곁들여 튀겨서 사용하면 좋다.

3) 정식 B

① 생선회: 참치, 도미, 광어

② 생선초밥: 장어, 참치, 광어, 도미, 오징어

③ 생선구이: 양념구이

④ 생선찜: 복어살찜

⑤ 식사: 알밥

⑥ 매운탕: 대구탕

⑦ 과일

4) 정식 C

① 샐러드: 양상추, 와후드레싱

② 일품요리 3종

③ 생선회모듬: 광어, 도미, 연어

④ 생선초밥: 새우, 광어, 도미, 오징어

⑤ 해물찜: 해산물앙가케

⑥ 해물볶음: 버섯해물볶음

⑦ 튀김요리: 새우튀김

⑧ 찜요리: 채소생선찜

⑨ 김치 3종

⑩ 매운탕: 대구탕

⑪ 식사: 알밥, 우동

5) 도시락정식

① 샐러드: 양상추, 토마토, 와후드레싱

② 생선회: 방어, 광어 또는 참치, 오징어

③ 모둠반찬: 달걀말이, 생선구이, 새우튀김, 닭꼬치, 표고조림, 긴시야키

④ 일본김치: 단무지, 오이, 마늘절임

⑤ 밥: 오니기리 야키메시 또는 볶음밥

⑥ 된장국

〈호텔도시락〉

전보다 재료가 심플하고, 담기는 간결해졌으며, 재료는 고급화 추세

① 회와 초밥

② 튀김과 모둠반찬

③ 구이요리 모둠

④ 도시락세팅

(4) 세트메뉴

1) 세트정식메뉴

2) 스시정식메뉴

3) 우동정식메뉴

(5) 식사메뉴

1) 메밀국수

2) 알밥

재료

밥, 가쓰오부시, 고노와다, 오이, 이쿠라, 도비코, 캐비아, 우니, 무순, 아보카도, 참깨, 김

조리법

❶ 돌솥에 밥을 담고 고노와다를 얹은 다음, 가쓰오부시를 구워 부순 것을 뿌려놓는다.

❷ 알을 종류별로 올려놓고, 무순, 아보카도, 참깨, 김 등으로 장식한다.

❸ 불에 올려 달군 뒤 뜨거운 상태로 서브해 준다.

❹ 젓가락으로 비벼 먹도록 한다.

3) 전복탕

재료
생전복, 대파, 배추, 고추, 무, 버섯, 콩나물, 쑥갓

조리법
❶ 재료를 냄비에 담고 다시를 부어 된장을 풀어준다.

❷ 끓기 시작하면 불을 줄인 뒤 전복을 얹고 거품을 걷어낸다.

❸ 청주를 약간 넣어 은은한 불로 익혀준다.

❹ 쑥갓을 올려 마무리한다.

4) 대구지리(탕)

재료

배추, 무, 당근, 두부, 버섯, 미나리, 고추, 콩나물(탕), 대구

조리법

❶ 대구와 재료를 담아 물과 다시를 반반 섞어 끓여준다.

❷ 지리는 소금과 청주로만 간을 하며, 탕은 다데기를 넣어준다.

❸ 끓기 시작하면 거품을 걷어내고 푹 익힌다.

❹ 미나리를 올려서 마무리한다.

❺ 폰즈와 야쿠미를 곁들이면 더욱 좋다.

5) 민어매운탕

재료

배추, 대파, 무, 버섯, 두부, 미나리 고추, 콩나물, 민어

조리법

❶ 민어와 재료를 담아 물과 다시를 반반 섞어 끓여준다.

❷ 다데기를 넣고 간을 조절하여 준다.

❸ 끓기 시작하면 거품을 걷어내고 푹 익혀낸다.

❹ 미나리를 올려서 마무리한다.

❺ 미나리 대신 쑥갓을 사용해도 무방하다.

⊙ 매운탕의 다데기

매운탕에 사용되는 양념인 다데기(다대기)는 그 어원조차 불투명하다. 다타키(叩き – 두드리다)라는 일본어에서 나왔다는 주장이 쉽게 납득하기 어려운 부분이 있지만 현재까지는 가장 유력한 주장으로 받아들여지고 있다. 고추 등의 기본양념을 두드려 빻아서 그렇게 이해되었으리라 생각되며, 입에서 입으로 전해지면서 "다타키"가 "다데기" 혹은 '다대기'로 굳어진 것으로 생각된다. 이것이 아예 고유명사로 자리 잡으면서 앞에 냉면다데기, 설렁탕다데기, 마늘다데기, 순두부다데기 등으로 그 목적에 따라 이름이 지어져 사용되고 있는 것이다. 다음은 일본요리 전문점에서 실제 사용되고 있는 매운탕 다데기의 레시피이다.

재료

고추장 20kg
마늘 4kg
고춧가루 4kg
물고추 3kg
소금 3kg
설탕 1kg
후춧가루 0.1kg
생강즙 0.5kg
조미료 0.2kg
새우살 4kg
간장 1L
청주 1/2L
미림 1/2L
참기름 0.5L

만드는 법

❶ 잘 섞어서 3일간 숙성시켜 사용한다.

❷ 시원하고 부드러운 맛을 더 내려면 조갯살을 끓여 갈아서 넣거나, 고추장의 양을 줄이고, 고춧가루를 더 사용한다.

❸ 감칠맛을 더 내려면 버섯을 갈아서 섞는다.

❹ 매운탕 1인분에 2Ts 정도 풀어서 사용한다.

2 스시뷔페점

(1) 샐러드메뉴

1) 주꾸미 관자 샐러드

재료

주꾸미, 관자, 셀러리, 당근, 오이, 영양부추, 양파, 유자소스

조리법

❶ 주꾸미와 관자는 데쳐놓는다.

❷ 셀러리, 당근, 오이, 양파 등을 슬라이스하거나 채썰어 놓는다.

❸ 유자소스(간장, 설탕, 유자청, 참기름, 참깨, 식초, 레몬주스)를 만들어 버무려낸다.

2) 단호박샐러드

재료

고구마, 단호박, 당근, 설탕, 마요네즈

토핑재료

아몬드 슬라이스, 건포도

3) 햄샐러드

재료
양상추, 라디키오, 햄, 황도 슬라이스, 방울토마토, 양파 슬라이스

토핑 및 믹싱 재료
허니머스터드소스(마요네즈, 머스터드, 레몬주스, 꿀)

4) 어두부샐러드

재료

양상추, 라디키오, 어두부, 방울토마토

소스

검정참깨드레싱(마요네즈, 흑임자, 꿀, 우유)

5) 참치 다타키

재료
참치회

소스
레드와인소스(레드와인, 설탕, 식초, 발사믹간장, 마요네즈, 식용유)

토핑
할라페뇨촙, 블랙올리브, 피클

(2) 스시메뉴

1) 초밥모둠

① 장어초밥

② 광어초밥

③ 연어초밥

④ 쇠고기안심초밥

⑤ 참치초밥

2) 연어초밥

재료

연어, 와사비, 초밥

조리법

❶ 연어를 초밥다네로 썰어준다.

❷ 초밥 위에 와사비를 바르고 연어를 올려준다.

❸ 접시에 가지런히 담아낸다.

3) 오도리(보리새우)초밥

재료

새우, 와사비, 초밥

조리법

❶ 새우의 내장을 제거하고 등에 칼집을 넣어 가른다.

❷ 초밥을 성형하여 와사비를 바르고 새우를 얹어낸다.

❸ 접시에 줄을 맞추어 담아낸다.

❹ 꼬리부분만 끓는 물에 담가 빨갛게 만들면 시각효과 면에서 좋다.

4) 안심구이초밥

재료

안심, 와사비, 초밥

조리법

❶ 안심을 양면구이하여 익힌다.

❷ 초밥에 와사비를 바르고 안심을 얹는다.

❸ 경우에 따라 야키메(색)를 더 내도록 한다.

❹ 안심을 미리 양념하여 사용하면 더욱 좋다.

❺ 양념의 맛을 갈비 혹은 불고기맛으로 해도 좋고, 거기에 다른 맛들을 더하여 응용할 수 있다.

7) 새우초밥

재료

새우, 와사비, 초밥

조리법

❶ 새우에 내장을 빼내고 꼬치를 꿰어 삶아 껍질을 벗긴다.

❷ 새우의 등을 갈라 넓게 펼친다.

❸ 초밥을 쥐어 담아낸다.

❹ 초밥을 쥐기 전에 꼬리 끝부분을 사선으로 약간 잘라주어도 좋다.

(3) 롤메뉴

1) 샌드위치롤

속재료
스파이시참치, 깻잎, 슬라이스 치즈

소스
와사비마요소스, 허니머스터드소스

토핑재료
새싹, 날치알(red), 실파

2) 새우롤

속재료

크래미게맛살, 오이(기본롤)

소스

허니머스터드소스, 데리야키소스

토핑재료

날치알(red), 무순

3) 새우튀김롤

속재료

새우튀김, 초밥, 채소

소스

허니머스터드, 마요네즈

토핑재료

토마토케첩, 영양부추 또는 시소

4) 필라델피아연어롤

속재료

크래미, 오이, 필라델피아치즈

소스

사과소스

토핑재료

양파 슬라이스, 무순

5) 볼케이노롤

속재료
크래미, 오이

소스
오션소스, 화이트소스, 데리야키소스

토핑재료
우민치(쇠고기를 갈아서 볶은 후 채소와 함께 믹스, 칠리), 덴카스, 도비코, 실파

6) 치즈롤

속재료
크래미, 오이

소스
화이트소스, 블루베리

토핑재료
슈거파우더, 치즈 슬라이스

7) 베이컨롤

재료
베이컨, 오이

소스
데리야키소스, 허니머스터드소스

토핑
무순 또는 깻잎순

8) 장어롤

속재료

크래미, 오이, 장어

소스

칠리, 와사비마요, 데리야키

토핑재료

초생강, 실파

(4) 기타

1) 야키도리

재료

닭다리살, 채소믹스, 치커리, 토마토, 마늘, 고추기름, 와인, 케첩, 굴소스

조리법

❶ 닭다리살을 데쳐서 먹기 좋은 크기로 잘라놓는다.

❷ 닭고기살과 채소믹스를 볶아준다.

❸ 우스터소스, 간장, 굴소스, 데리야키소스 등으로 간을 한다.

❹ 용기에 담아낸다.

2) 야키우동

재료

우동면, 해산물(주꾸미, 새우, 한치), 양파, 피망(청, 홍), 가쓰오부시, 무순

조리법

❶ 우동면과 해산물을 데쳐낸다.

❷ 채소와 함께 볶아준다.

❸ 진간장, 고추기름, 고춧가루, 다진 마늘 등을 넣어 간을 한다.

❹ 데리야키, 참기름, 굴소스 등을 넣어 마무리한다.

❺ 가쓰오부시와 무순을 얹어낸다.

3) 회무침

재료
연어, 광어, 참치, 양파, 양배추, 당근, 오이, 무순

조리법
❶ 활어재료를 잘게 썬다.

❷ 채소를 채썰어 놓는다.

❸ 초고추장에 비벼놓는다.

❹ 무순을 자연스럽게 올려 장식하여 낸다.

4) 육회

재료

우육(홍두깨살), 영양부추, 참기름, 검정참깨, 깻잎

조리법

❶ 우육을 가늘게 채썰어 놓는다.

❷ 영양부추, 참기름, 참깨등과 버무린다.

❸ 육회드레싱(간장, 물엿, 참기름, 다진 마늘, 파)을 뿌려준다.

❹ 깻잎을 깔고 자연스럽게 담아낸다.

5) 춉스테이크

재료

우육(홍두깨살), 양파, 피망, 마늘, 우스터소스, 굴소스

조리법

❶ 우육을 한입 크기로 썰어둔다.

❷ 채소도 같은 크기로 썰어둔다.

❸ 식용유를 넣고 볶다가 후추를 뿌리고 소스로 마무리한다.

❹ 양파와 피망이 완전히 익지 않도록 고기부터 익힌 후 채소를 넣는다.

6) 튀김요리

재료

새우, 오징어, 식용유, 튀김가루, 덴다시

조리법

❶ 새우를 손질하여 밑간한다.

❷ 오징어를 손질하여 칼집을 넣는다.

❸ 튀김반죽을 묻혀 튀겨낸다(170℃).

❹ 용기에 가지런히 담아낸다.

❺ 덴다시를 곁들여낸다.

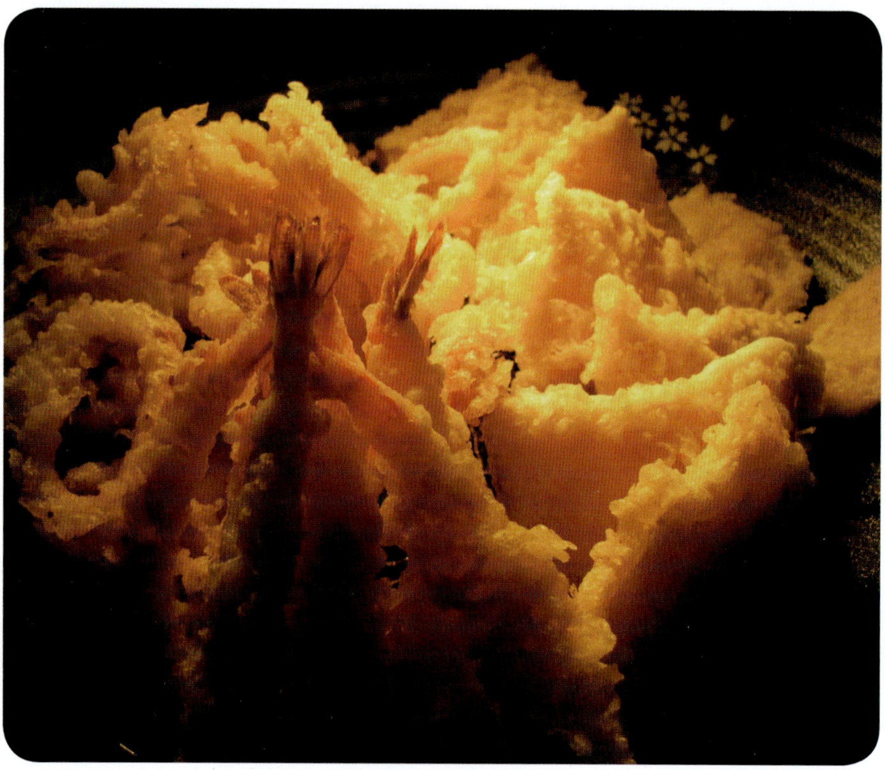

3 복요리 전문점

(1) 복어회

1) 복어회

재료

복어살, 복어껍질(겉, 속), 무순, 레몬, 미나리, 금분, 폰즈

조리법

❶ 복어살을 얇게 저며 새의 날개 모양으로 담는다.

❷ 미나리와 복껍질을 같은 길이로 썰어 담는다.

❸ 무순과 레몬으로 장식하여 낸다.

❹ 금분을 뿌려준다.

2) 복어다타키

재료

복어, 캐비아, 금분, 엔다이브, 실파, 폰즈

조리법

❶ 복어살 겉부분을 구워 얇게 저며 캐비아와 실파를 올린다.

❷ 접시에 얼음과 잎을 깔고 담아 장식한다.

❸ 복어살을 돌돌 말아 폰즈에 찍어 먹는다.

(2) 복어구이

1) 복어구이

재료

복어살, 레몬, 당근, 꽃, 엽란, 파슬리

구이소스

다시, 간장, 참깨, 고춧가루, 올리브오일, 마늘, 후추, 고추, 참깨

조리법

❶ 복어살과 뼈살을 양면구이한다.

❷ 구이소스를 발라 간을 하고 색을 낸다.

❸ 레몬과 채소로 장식하여 낸다.

2) 복고니구이

재료

복고니, 레몬, 양념장(간장, 다시, 설탕, 미림, 고춧가루, 식초)

조리법

❶ 복고니를 숯불에 굽는다.

❷ 양념장을 살짝 발라낸다.

❸ 엽란 위에 놓고 레몬으로 장식하여 낸다.

❹ 고객 앞에서 직접 구워내도 좋다.

3) 복버터구이

재료

복어살, 전분, 식용유, 표고버섯, 양파, 청고추, 홍고추, 파슬리, 버터, 간장, 참깨, 레몬

조리법

❶ 손질한 복어뼈살에 전분을 묻혀 튀겨낸다.

❷ 채소를 한입 크기로 썰어둔다.

❸ 팬에 버터를 두르고 튀겨낸 복어와 채소를 넣어 볶는다.

❹ 간장을 약간 넣어 간을 맞추고 색을 낸다.

❺ 참깨를 뿌려 버무린 후, 레몬, 파슬리로 장식하여 낸다.

(3) 복찜

재료

복고니, 자연송이, 죽순, 백합조개, 미나리, 스이지

조리법

❶ 죽순과 복고니를 물에 데쳐놓는다.

❷ 송이버섯, 백합조개와 함께 냄비에 넣고 끓인다.

❸ 간장, 청주, 소금으로 간을 하고 미나리를 얹어낸다.

❹ 폰즈와 야쿠미를 곁들이면 더욱 좋다.

(4) 복샤브샤브

재료

복어, 배추, 대파, 버섯, 미나리, 두부, 당근, 폰즈

조리법

❶ 복어살을 얇게 썰어 가지런히 담는다.

❷ 채소를 가지런히 담는다.

❸ 다시에 청주를 약간 넣고 끓인다.

❹ 끓을 때 채소와 복어살을 넣어 데쳐낸다.

❺ 폰즈를 곁들여 먹는다.

(5) 복튀김

재료

복어살, 실파, 고추, 참기름, 마늘, 달걀, 튀김가루, 소금, 후추, 식용유

조리법

❶ 복어살을 손질하여 소금, 후추로 밑간한 후, 참기름을 발라놓는다.

❷ 실파, 고추를 잘게 썰어둔다.

❸ 달걀 노른자와 냉수, 튀김가루로 튀김옷을 만들어 반죽을 한다.

❹ 튀김옷에 복어와 준비된 채소를 넣어 버무린다.

❺ 달궈진 기름에 튀겨 담아낸다.

(6) 복어지리

복어의 대표적인 냄비요리로서, 채소와 복어의 맛을 잘 우러내는 국물맛이 일품이고, 특히 미나리의 향이 가미되면, 더욱 좋은 맛을 낸다. 폰즈소스를 곁들여 낸다.

재료

복어, 전복, 배추, 대파, 표고버섯, 팽이버섯, 두부, 무, 당근, 복떡, 다시, 소금, 청주

조리법

❶ 복어와 전복을 손질하여 살, 뼈살, 머리살 등을 종류별로 담아놓는다.

❷ 채소를 먹기 좋은 크기로 썰고, 복떡은 구워서 준비한다.

❸ 다시국물에 채소를 넣고 끓기 시작하면 복어와 전복을 넣는다.

❹ 한번 끓어 오르면, 소금과 청주로 간을 한 후, 불을 줄이고 중간불에서 좀 더 끓여준다.

❺ 전복을 먼저 건져내고, 복어가 충분히 잘 익었을 때 미나리를 넣고 불을 끈다.

❻ 건더기를 폰즈에 찍어 먹는다. 국물에 폰즈를 부어 먹기도 한다.

❼ 남은 국물에 밥을 넣고 죽으로 만들어 마무리한다.

4 참치 전문점

(1) 참치회

재료

참치살, 참치뱃살, 아가미살 등

조리법

❶ 접시에 겡을 봉모리한다.

❷ 참치를 부위별로 썰어 담는다.

❸ 무순과 꽃으로 장식한다.

❹ 간장과 와사비를 곁들여낸다.

(2) 참치머리

재료

참치머리요리

조리법

❶ 참치의 머리부분을 해체한다.

❷ 구석 부위별 살을 발라낸다.

❸ 먹기 좋은 크기로 썰어 머리 위에 담아낸다.

❹ 해체 전에 적당히 해동시켜서 하는 것이 중요하다.

(3) 참치회무침

재료

참치살, 상추, 양배추, 당근, 적채, 무순, 날치알, 김, 참깨, 참기름, 초고추장

조리법

❶ 참치를 사이노메기리하여 둔다.

❷ 채소를 각각 채썰어 물로 헹궈둔다.

❸ 채소를 깔고 참치를 올려 무순과 김, 날치알로 장식한다.

❹ 참기름과 초고추장을 곁들인다.

(4) 참치보쌈

재료

참치 또는 새치(가지키)살, 묵은지, 파슬리, 와사비, 간장, 초고추장, 막장

조리법

❶ 참치를 뜨거운 물로 가와시모하여 식혀둔다.

❷ 묵은지를 헹궈 가지런히 잘라놓는다.

❸ 접시에 참치를 썰어담고, 묵은지를 놓는다.

❹ 입맛에 따라 와사비간장, 초장, 막장 등을 곁들여 먹는다.

❺ 젊은이들의 입맛에 따라 다양한 소스를 곁들일 수 있다.

(5) 참치초밥

재료

부위별 참치살, 초밥, 와사비, 초생강, 간장

조리법

❶ 밥을 지어 초밥초에 버무려 초밥을 만들어 식혀둔다.

❷ 참치를 부위별로 스시다네를 떠놓는다.

❸ 밥을 쥐어 와사비를 바르고 니기리즈시(주먹초밥)를 만들어낸다.

❹ 접시에 담아 장식하여 낸다.

(6) 참치회덮밥

재료

참치살, 밥, 날치알, 각종 채소, 초고추장, 참기름

조리법

❶ 참치와 각종 채소를 먹기 좋게 썰어둔다.

❷ 용기에 밥을 담아 그 위에 채소와 참치를 얹어준다.

❸ 무순과 당근, 오이채로 장식하고 날치알을 올린다.

❹ 참깨와 참기름을 뿌려낸다.

❺ 서양사람들은 참기름보다 올리브오일을 곁들이는 게 좋다.

5 초밥 전문점

(1) 히라메즈시(광어초밥)

1) 히라메니기리즈시(광어살초밥)

2) 히라메엔가와즈시(광어언저리살초밥)

(2) 다이즈시(도미초밥)

1) 다이니기리즈시(도미살초밥)

2) 다이가와시모(도미껍질초밥)

(3) 사케즈시(연어초밥)

(4) 이카즈시(오징어살초밥)

(5) 에비즈시(새우초밥)

(6) 부리즈시(방어초밥)

(7) 다이라가이즈시(키조개초밥)

(8) 사요리즈시(학꽁치초밥)

1) 니기리즈시(주먹초밥)

2) 사요리가자리즈시(학꽁치세공초밥)

(9) 군캉마키즈시(군함말이초밥)

1) 과메기

2) 우니군캉즈시(성게알군함말이초밥)

3) 도비코군캉즈시(날치알군함말이초밥)

6 특급호텔 쇼 메뉴

특급호텔의 레스토랑은 매년 계절마다 메뉴개발을 위한 여러 가지 행사를 한다. 때로는 외부인들을 초청하는 갈라쇼나 살롱 형식, 또는 대회형식으로 하기도 하며, 메뉴개발을 대내적으로 은밀하게 진행하기도 한다. 다음의 메뉴사진은 국내 대형 L호텔의 행사메뉴를 나타낸다.

(1) 스시갈라쇼

스시메뉴를 코스 형식으로 만들어낸 것이다.

젠사이와 고바치

사시미

야키모노

니모노

스시

야키스시

데리야키

튀김

치라시즈시

재첩국

과일

(2) 살롱 행사

대형 호텔의 체인점 모두의 요리실력을 보여주는 전시회

전채

고바치

사시미(1)

야키모노(2)

야키모노(3)

식사(1)

식사(2)

(3) 메뉴 개발

전채요리

사시미

튀김요리

지라시즈시

종합세팅

부록

양념 레시피 모음

魚 부수로 시작하는 생선 명칭

일식조리용어집

양념 레시피 모음

매운탕 다데기

고추장 1통, 마늘 1관, 고추(호고추 1/2, 조선고추 1/2) 10근, 물고추 15근(씨 1/2 제거), 소금(회덮밥 그릇 3½(약간 수북)), 찐 생강 500g, 조미료 400g

- 모시 1관(끓여서 식힌 다음 가라앉혀서 다시 양이 적게), 맛살 1관(삶을 때 조미료, 소금 약간 넣고)
- 물고추, 후추, 소금, 조미료, 찐 마늘, 참기름(회덮밥 그릇 1개에 1Ts)

구이용 고추장양념

고추장 1kg, 물엿 1kg, 찐 마늘 300g, 찐 생강 30g, 설탕 300g, 참기름 100g, 다시(농도 조절), 양파, 대파(채썬 것)

초고추장

고추장 1통, 후추 1/2봉, 찐 마늘 500g, 찐 생강 200g, 참기름 600mL, 조미료 400g, 고춧가루 2큰국자, 콜라 · 사이다 각 2병씩, 설탕 3kg, 물엿 500mL, 레몬 3개, 식초 4.5L

- 사과, 배껍질, 국물 1통(고추장통)

후구 니코고리

다시 160cc×30, 미림 160cc×1, 우스쿠치 160cc×1, 고이쿠치 160cc×1, 잎새 젤라틴 250g, 후구가와 400g

만드는 법

❶ 먼저 복어껍질 표면의 가시를 칼로 밀어 끓는 물에 충분히 삶아 찬물에 식힌 후 건치에 끼워 냉장고에 걸어놓고 물기가 증발되고 굳으면 대바칼로 가늘게 썰어놓는다.

❷ 잎새 젤라틴은 충분한 냉수에 담가 부드럽게 불린 후 채반에 걸러 물기를 뺀다. 젤라틴은 한 장씩 떼어 물에 적셔가며 담근다. 그렇지 않으면 한 덩이로 뭉쳐 잘 녹지 않는다.

❸ 다시, 미림, 우스쿠치, 고이쿠치, 복껍질을 큰 냄비에 함께 넣고 끓이는데 사전에 재료 중의 다시 1,000cc 정도를 별도 냄비에 떠서 불에 올려 끓으면 불려서 물기를 빼놓은 젤라틴을 넣고 저어가며 젤라틴이 녹으면 큰 냄비의 재료가 끓을 때 함께 부어 넣고 다시 저으면서 끓기 시작하면 불에서 냄비를 내려 보다 큰 용기에 얼음을 충분히 넣고 물을 부은 후 끓여놓은

냄비를 그대로 올려 담근 후 오다마로 잘 섞으며 계속 저어 식힌다.

❹ 밑에 얼음이 녹으면 추가로 채워주고 계속 저어서 재료가 약간 굳는 징조를 보이면 적당한 나각용기(니고고리 두께 3cm 정도가 적당)에 분무한 후 쏟아부어 평평하게 가다듬어 냉장고에서 완전히 굳힌 후(약 5시간 이상) 용기에서 분리하여 썰어낸다.

❺ 오토시, 진미, 전채 등으로 이용하고 오토시 등으로 낼 때 위에 모미지오로시, 아사쓰키를 올려 폰즈를 약간 뿌려낸다.

홍어회무침

홍어살 1kg, 무 1/2개, 오이 2개, 당근 2개, 대파 1뿌리, 미나리 1/2단, 찐 마늘 5g, 찐 생강 2g, 설탕 5g, 조미료 1g, 고춧가루 300g, 고추장 170g, 빙초산 10cc, 통깨 5g, 물엿 200g

- 무를 손가락 크기로 자르고 소금에 절인 후 꽉 짜서 물기를 뺀다. 홍어, 미나리, 오이, 당근, 대파도 손가락 크기로 자른 후 위의 양념에 잘 무친다.

장어 데리 레시피

물(다시마를 우려낸 다시물) 400cc, 간장 150cc, 갱엿 0.5kg, 설탕 0.2kg, 계피 10g, 감초 30g, 무 150g, 양파 반쪽(구워서 넣기), 당근 1/4쪽(구워서 넣기), 홍고추 5개(구워서 넣기), 대파 2개(구워서 넣기)

- 장어뼈는 응달에 잘 말려서 굽는다.

머우대볶음

머우대 1kg, 들깻가루 10g, 쌀가루 5g, 다시다 5g, 찐 마늘 4g, 조미료 약간

만드는 법

❶ 머우대를 삶아서 껍질을 벗기고 손가락 크기로 자른다.

❷ 머우대 1kg을 손질해서 물 900cc를 넣고 끓인다.

❸ 끓이면서 들깻가루, 쌀가루, 다시다, 찐 마늘, 조미료를 넣고 끓이다가 간이 들면 불을 끈다.

소바다시(원액)

진간장 2통(30L), 설탕 8kg, 미림 7.2L, 정종 1.8L, 다시마 2장, 통우엉 4kg, 무(껍질) 3kg, 당근 1kg, 양파 2kg, 대파 1kg, 말린 홍고추, 가쓰오부시(마지막에 불 끄고)

- 원액 : 물 = 1 : 6

산바이스(소스)

※ 1인분 기준 : 다시물 7Ts, 간장 1Ts, 설탕 2ts, 식초 4ts

※ 대량기준 : 다시물 1L, 간장 50cc, 식초 50cc, 설탕 · 조미료 약간씩

폰즈(지리스)

※ 1인분 기준 : 간장 2Ts, 식초 2Ts, 다시물 3Ts, 설탕 약간

※ 대량기준 : 간장 1L, 식초 1L, 다시마 30g, 가쓰오부시 50g, 설탕 10g, 청주 0.2L, 다시물 1.5L

미소시루(된장국)

※ 1인분 기준 : 일본된장 1Ts, 다시 15Ts, 청주 약간

※ 대량기준 : 된장 1kg, 다시마 30g, 가쓰오부시 70g, 물 1.3L, 조미료 약간= 500cc에 (다시물) 풀어서 끓일 것

모도다시(원료)

간장 9L, 설탕 2kg, 다시마 200g, 청주 1L

- 술찜 : 청주 1, 다시 2, 소금 약간(비율대로)
- 소바다시, 덴다시에는 모도다시를 넣는다.

메밀(소바다시)

다시물 6, 모도다시 1(찍어 먹는 비율)

파티용 7 : 1~8 : 1(부어주는 것)

덴다시(덴쓰유) 튀김소스

※ 1인분 기준 : 다시물 5Ts, 간장 1Ts, 설탕 1/2Ts, 생강 약간, 가쓰오부시 약간, 청주 1Ts

※ 대량기준 : 다시물 2,500cc, 모도다시 500cc, 조미료 약간

우동다시

※ 1인분 기준 : 다시물 600cc, 소금 1/2ts, 조미료 1/2ts, 설탕 약간, 간장 10L, 청주 1ts, 미림 1ts

※ 대량기준 : 다시물 10L, 소금 320g, 조미료 30g, 설탕 30g, 간장 400cc, 청주 100cc, 미림 100cc

초밥용 달걀말이다시

※ 원료 : 다시물 10, 청주 1, 설탕 1.5

※ 혼합비율 : 달걀 3 : 원료 1

우나기(소스) 민물장어(가바야키)

※ 1인분 기준 : 장어데리(즉석용), 간장 10Ts, 다시물 10Ts, 설탕 3Ts, 청주 1ts, 생강 약간, 대파 구운 것, 청주 약간, 장어뼈 말려서 구운 것, 다시마(보관용)

※ 대량기준 : 간장 1L, 다시물 1L, 설탕 800g, 생강 약간, 청주 약간, 다시마 약간

- 장어뼈를 씻어서 말린 다음 노릇노릇하게 굽는다. 대파도 노릇노릇 굽는다. 위의 재료를 끓일 때 같이 넣는다.

초밥용 아나고(붕장어)

청주 1L, 다시물 2L, 간장 60cc, 조미료 3Ts, 설탕 3Ts

- 조리시간 : 아나고 작은 것 30분, 중간크기 35분

조림

다시물 100cc, 청주 60cc, 설탕 30g, 간장 30cc, 생강 약간

- 도미조림 1인분 기준 : 도미 250~300g, 간장 4Ts, 우엉 40g, 죽순 40g, 청주 100cc, 다시물 400cc, 설탕 3Ts, 생강 약간

드레싱소스

미림 900cc, 간장 360cc, 식용유 2,160cc, 식초 1,200cc, 꿀 500g, 겨자 40g, 소금 24g, 후추 4g, 갈아서(사과 200g, 양파 1kg) 사용

밥

쌀 1kg할 때 밥양 1,800g(누룽지 약간 빼고)

연어처리방법

① 소금을 뿌려서 40분간 놓아둔다.

② 양념식초 1, 물 3, 대파, 다시마, 생강 썬 것에 45분 동안 담가둔다.

연근, 우엉조림

간장 1,000cc, 다시물 300cc, 설탕 800g

전어(고하다)

① 소금에 45분간 절인다.

② 식초 2, 물 3에 30분 동안 담근다.

청어알(가즈노코)

다시물 4, 미림 2, 청주 1, 맛소금, 간장 약간

고등어절임(시메사바)

① 소금 1시간

② 초담금 : 45분

③ 초와 물의 비율 2 : 3

와후(和風 ; わふう)드레싱

식용유 4, 간장 1.5, 양조식초 2, 후춧가루, 강판에 갈아서(사과, 양파, 당근, 마늘 약간) 사용

초밥초(寿司酢 ; すしす)

※ 1인분 기준 : 식초 4ts, 설탕 2ts, 소금 약간, 유자 약간

※ 대량기준 : 식초 4,080g, 설탕 2,160g, 소금 750g, 유자 또는 레몬즙 약간

가리쇼가스

식초 2 : 설탕 2.5 : 물 2.5 : 소금 0.5 : 레몬(썰어서) 약간

함께 섞어 끓여 식힘

- 썬 생강은 물에 몇 시간 사라시해서 끓는 물에 데친 후 찬물에 사라시하여 물기를 제거하고 초에 담금

도사스(초회용)

식초 1 : 미림 1 : 우스쿠치 1 : 조미료 약간 : 다시 10

모두 섞어 끓임

- 모든 스노모노에 사용
- 매생이에 사용 시 매생이 2kg에 도사스 4,000cc에 담가 냉장고 보관 사용

모즈쿠스

다시 20,000cc, 식초 450cc, 구로스(일본식초) 450cc, 와인식초 450cc, 홍삼식초 450cc, 고이쿠치(기코망) 200cc, 우스쿠치 200cc, 참기름 약간

모두 섞어 끓여 식힌 후 사용

- 매생이 2kg용임
- 매생이는 물에 잘 씻어 밭친 후 큰 냄비에 물을 끓여 데쳐서 찬물에 담가 냉장고에 보관 사용(매생이초회 위에 데친 생굴이나 마즙을 약간 올려내기도 함)

모스쿠스다시

식초 1 : 미림 1 : 우스쿠치 1 : 다시 8 : 조미료 약간

함께 섞어 끓여 식힘

- 모즈쿠(해초 : 큰실말)는 잘게 잘라 끓는 물에 데쳐 체에 밭친 후 일번다시에 담가 하루 동안 냉장고에 재운 후 체에 밭쳐 이번다시에 담갔다가 냉장보관하며 사용(위에 마즙을 올려내기도 함)

미소야키

※된장 2 : 다시 1 : 청주 1 : 미림 1, 설탕 약간

※일본된장 1kg, 샘표된장 1kg, 몽고된장 1kg, 찐 마늘 200g, 설탕 50g, 청주 200cc, 와사비 50g, 미림 500cc

절인 후 3~4시간 면포 사용일 때

자왕무시

달걀 1 : 다시 2
8분 찌고 2분 뜸들인다.

고마다레소스

아다리고마 60g, 양파 45g(갈아서), 당근 45g(갈아서), 도리수프 144cc, 고이쿠치 87cc, 미림 65cc

사시미간장

간장 9L(몽고 2L+양조 7L), 정종 900cc, 미림 450cc, 다시마 1장(먼저 끓인다), 조미료 5Ts, 가쓰오부시 100g(약한 불로 1분)

스미소 – 초된장

샘표된장 500g, 겨자 50g, 환만식초 200cc, 미림 300cc, 설탕 15Ts, 레몬 1/2개, 마늘 3쪽

쇠고기간장구이

다시 4 : 간장 2 : 청주 2 : 설탕 2 : 생강 약간을 비율대로 섞어 1/2로 조린다.

코다리양념

※ 간장 1 : 물엿 2 : 설탕 1, 조미료 약간, 간 마늘 약간, 고춧가루 1, 대파채, 통깨
하루 지나서 사용
※ 간장 100cc, 다시 800cc, 고춧가루 4근, 찐 마늘 500g, 소금 800g, 조미료 약간, 설탕 1.5kg, 참기름 · 대파 · 통깨 적당량

전복소스

토마토케첩 100cc, 고추기름 100cc, 설탕 약간, 소금 약간, 통깨 약간, 참기름 약간

겨자소스

식초 1.8L, 설탕 230g, 조미료 약간, 소금 230g, 닭다리육수 1.8L, 마늘 · 참기름 약간씩

- 육수 끓인 물에 설탕, 조미료, 소금을 넣어 녹인 다음, 식혀서 겨자를 걸쭉하게 넣는다.
- 겨자를 버무릴 때는 뜨거운 물에 버무려서 호일로 밀봉하고 높은 곳(열이 있는 곳)에서 하루 지난 다음 사용한다.

아게도후 다시

※ 다시 8 : 미림 1 : 간장 1 : 설탕 1

※ 다시 5 : 간장 1 : 청주 1 : 설탕 1/3, 무즙, 생강즙, 실파, 두부다시

스시 배합초

※ 쌀 2말, 초 340cc, 설탕 180g, 소금 90g, 조미료 약간

※ 쌀 2말, 초 460cc, 설탕 180g, 소금 80g, 조미료 약간

간장게장

※ 정종 1 : 미림 1 : 간장 2(1.8L), 대파, 가쓰오부시, 마늘, 생강, 건고추, 감초

※ 간장 1 : 미림 1 : 정종 1, 건고추, 통생강, 통마늘, 대파, 가쓰오부시(살짝 끓일 것)

- 간장게장 보관방법 : 간이 싱겁기 때문에 2일 이상 냉장보관하면 변질될 우려가 있으므로 간장은 3~4일 정도 반복해서 끓여 식힌 후 냉장보관. 꽃게는 개별 진공포장 후 냉동보관하였다가 냉장해동 뒤 사용

마늘장아찌

① 마늘 50개(통마늘), 물 6C, 식초 3C(10일 정도 담가둔다.)

② 10일 후 10C을 계량한 후 설탕 3C, 간장 1C, 소금 1C에 담가둔다.

③ 한달 후 꺼내서 식힌 후 다시 넣어 간장 3 : 식초 1 : 설탕 2에 담가둔다.
(마늘양은 마늘이 잠길 정도)

복고니 냉동보관방법

① 미지근한 간수에 복고니를 넣어 깨끗이 씻는다(불순물 제거 시 너무 힘을 가하거나 흔들면 터지니 주의할 것).

② 체에 밭쳐서 물기를 완전히 제거한다.

③ 스티로폼 Box에 비닐을 깔고 그 위에 복고니를 넣는 과정을 반복하여 뚜껑을 덮어 진공이 되도록 테이프로 감아 급랭 보관

• 해동 시에는 미지근한 간수에 넣어서 해동

생연어알(아쿠라) 보관방법

① 60℃의 물에 간간하게 간수한 후 아쿠라를 잰다(30분 정도 온도유지가 관건).

② 알을 막에서 분리한다(가볍고 조심스럽게 흔들어준다).

③ 소금을 뿌려 간을 한다(알을 터뜨렸을 때 짜면 안 됨).

④ 정종 1/50, 조미료는 적당량 가미한다(3시간 재운 후 거른다).

⑤ 스티로폼Box에 비닐을 깔고 급랭보관한다.

• 해동 시 미지근한 간수에 넣음

魚 부수로 시작하는 생선 명칭

한자	한자음	한글뜻	히라가나
魬	방어 반	방어, 넙치, 가자미	はまち
魴	방어 방	방어, 성대	ホウ, おしきうお
魦	문절망둑 사	꾹저구의 유어	いさざ
魳	물고기이름 사, 방어 사	꼬치고기	かます
魣	연어 서	꼬치고기	かます
鮗	전어 동	전어	このしろ
鮒	붕어 부	붕어	ふな
鮓	젓 자	소금에 절인 어물(魚物), 해파리	すし
鮎	메기 점	은어	あゆ, なまず
鮃	넙치 평	넙치	ひらめ
鮑	절인어물 포	전복, 석결명(石決明)	あわび
鮫	상어 교	상어, 교룡(蛟龍)	さめ
鮭	복 규, 어채 해	연어, 어채(魚采) – 복, 연어 등 생선요리의 총칭	さけ, しゃけ
鮬	물고기이름 보	농어새끼	せいご
鮲	양태 복	양태, 가리맛	こち
鮟	아귀 안	아귀(鮟鱇), 메기	あんこう
鮠	작은메기 외	피라미	はや,はえ
鮪	다랑어 유	다랑어	まぐろ
鮞	곤이 이	물고기의 알 또는 그 젓갈 곤이(鯤鮞), 고기이름 이어(鮞魚)	はららご
鮨	젓 지, 젓갈 지 능성어 예	초밥, 김밥, 식해(食醢), 어개류에 소금을 넣어 발효시킨 식품	すし
鯁	생선뼈 경	뼈, 가시걸릴 경, 목에 걸린 가시	のぎ
鯉	잉어 리	잉어, 이어(鯉魚)	こい
鮸	민어 면	동갈민어, 참조기면	にべ
鯊	문절망둑 사	문절망둑, 상어, 모래무지	はぜ
鯎	황어 성	황어	うぐい
鯒	바다메기 통	양태	こち

한자	한자음	한글뜻	히라가나
鯇	완어 혼	산천어	あめのうお
鯨	고래 경	고래, 구지라자크(鯨尺)의 준말	くじら
鯥	괴어이름 륙	게르치, 짱뚱어(むつごろう)	むつ
鯡	곤이 비, 청어 비	청어, 비웃, 날치(飛魚)	にしん
鯣	뱀장어 역	말린 오징어, 스루메이카의 준말	するめ
鯰	메기 염	메기	なまず
鰶	전어 제	전어(錢魚)	このしろ
鯛	도미 조	도미	たい
鰷	피라미 조	쥐놀래미(鰷身魚)	あいなめ
鯖	청어 청	고등어	さば
鯔	숭어 치	숭어-치어(鯔魚), 모쟁이	ぼら, いな
鯱	물호랑이 호	범고래	しゃち
鯤	임연수어 화	임연수어	ほっけ
鰊	물고기이름 련	청어, 비웃	にしん
鰒	전복 복	전복, 떡조개	あわび, ふぐ
鰓	아가미 새	아가미, 하관	えら, あぎと
鯗	상어 상, 건어 상	상어, 건어(乾魚), 굴비	ふか, ひもの
鰐	악어 악	악어(鰐魚)	わに
鰙	빙어 약	빙어	わかさぎ
鰯	멸치 약	정어리	いわし
鰈	가자미 접	가자미	かれい
鯷	메기 제	큰메기	しこ, ひしこ
鰌	미꾸라지 추	미꾸라지	とじょう
鰍	미꾸라지 추	둑중개	かじか
鰆	고기이름 춘	삼치	さわら
鰉	용상어 황	철갑상어	ひがい
鰭	지느러미 기	등지느러미	ひれ
鰤	방어 사	방어	ぶり
鰣	준치 시	준치, 끄리	ひら, はす, えそ
鰰	은어 신	도루묵, 은어	はたはた
鱈	대구 설	대구	たら

한자	한자음	한글뜻	히라가나
鰺	비릴 소(삼)	전갱이	あじ
鰾	부레 표	부레, 어표(魚鰾), 창란젓	ふえ,, うきぶくろ
鰹	가물치 견	가다랑어	かつお
鱗	비늘 린	비늘	うろこ, いろこ
鱔	드렁허리 선	곰치, 자라 타(鼉)	うつぼ, ごまめ
鱘	심어 심	용상어, 철갑상어	ちょうさめ
鱏	가오리 심	가오리	えい
鱚	서두어 희	보리멸, 서두어(鼠頭魚)	きす
鱧	가물치 례	칠성장어, 갯장어	はも, はむ
鱩	도루묵 뢰	도루묵	はたはた
鱝	가오리 분	가오리	えい
鱫	해묵은 은어 애	자반은어(あいきょう)	むつ
鱠	회 회	회(膾), 회잔어(鱠殘魚)	なます
鱰	만새기 서	만세기	しいら
鱮	연어 서	연어(鰱魚), 납자루, 망성어	たなご
鱲	물고기이름 렵	어란(鱲子), 숭어 · 방어 · 상어 따위의 알집을 소금에 절여 말린 것	からす
鱵	공미리 침	공미리, 침어, 침구어	さより
鱸	농어 로(노)	농어, 노어(鱸魚)	すずきみ

일식조리용어집

ㄱ

가고(籠 롱 ; かご) 바구니. 주로 대나무로 만들며 물을 빼는 체로 쓰거나 튀김요리의 식기로 사용.

가나가시라(金頭 금두 ; かながしら) 달강어(gurnard).

가나구시(金串 금관 ; かなぐし) 쇠꼬챙이.

가누바오(干鮑 간포 ; がぬばお) 말린 전복. = 호시아와비(干鮑).

가누베이(干貝 간패 ; がぬべい) 말린 패주(貝柱). = 호시가이바시라(干し貝柱).

가니(蟹 해 ; かに) 게(crab).

가라스(烏河豚 조하돈 ; からす) 참복.

가라스미(鱲子 렵자 ; からすみ) 어란. 숭어난소를 염장하여 건조시킨 것으로 삼대 진미 중의 하나.

가라시(芥子 개자 ; からし) 겨자(mustard).

가라시나(芥子菜 개자채 ; からしな) 갓. 겨자잎.

가라시아게(芥子揚 ; からしあげ) 튀김옷에 겨자를 풀어 튀긴 요리로, 돼지고기요리에 적합.

가라시즈(芥子酢 개자초 ; からしず) 겨자초. 산바이즈(三杯酢)나 니하이즈(二杯酢)에 겨자 갠 것을 풀어 넣은 식초소스.

가라시즈케(芥子漬 개자지 ; からしづけ) 겨자절임.

가라아게(空揚 공양 ; からあげ) 재료에 전분이나 밀가루를 묻혀 튀기는 것으로, 튀김요리 방법 중 하나.

가라이모(唐藷 당저 ; からいも) 고구마. = 사쓰마이모(薩摩芋). = 간쇼(甘藷).

가레이(鰈 접 ; かれい) 가자미(flatfish).

가리(がり) 초생강. 스시쇼가(鮨生姜).

가린(花梨 화리 ; かりん) 모과(Chinese quince).

가마(釜 부 ; かま) 솥, 가마.

가마(かま) 가마. 볼떼기살. 물고기 아가미 아래 지느러미가 붙어 있는 부위의 살.

가마메시(釜飯 부반 ; かまめし) 솥밥, 1인용의 작은 솥을 사용하여 지은 밥으로 안에 넣는 재료에 따라 밥의 이름이 붙여지며 굴솥밥, 새우솥밥 등이 대표적.

가마보코(浦鉾 포모 ; かまぼこ) 어묵. 생선묵(fish cake).

가마스(鰤, 梭子, 梭魚, 사, 사자, 사어 ; かます) 꼬치고기(barracuda).

가메(亀 구 ; かめ) 거북(turtle).

가미가타료리(上方料理 상방요리 ; かみがたりょうり) 관서요리(関西料理).

가미나베(紙鍋 지과 ; かみなべ) 종이냄비.

가미시오(紙塩 지염 ; かみしお) 생선 위에 종이를 깔고, 그 위에 소금을 종이 위에 뿌려서 생선에 스며들도록 하는 방법.

가바야키(蒲焼 포소 ; かばやき) 데리(照り)를 발라 구운 장어구이요리.

가보차(南瓜 남과 ; かぼちゃ) 호박(pumpkin).

가부(蕪 무 ; かぶ) 순무(turnip). 가부라(蕪)라고도 함.

가부토(兜 두 ; かぶと) 생선의 머리. 생선머리가 마치 투구와 같은 모양이라 하여 붙여진 이름. 도미 한 마리의 머리를 사용하여 조려낸 다이카부토니(鯛兜煮-도미조림)가 대표적.

가사고(笠子 립자 ; かさご) 쏨뱅이. 수염어(scorpion fish).

가스고다이(鮹鯛 소조 ; かすごだい) 참돔의 치어.

가스지루(粕汁 박즙 ; かすじる) 염장한 생선과 채소에 술지게미를 가하여 만든 국물요리.

가시(菓子 과자 ; かし) 과자. 보통은 오카시라고 함.

가시루이(果実類 과실류 ; かしるい) 과실류(fruits).

가쓰돈(カツ丼 정 ; かつどん) 돈가스덮밥. 커틀릿돈부리의 약어로서, 한입 크기의 돈가스를 양파, 간장, 미림, 설탕 등으로 조미하여 조려 달걀을 올려 반숙 정도로 익혀 밥 위에 올려 완성해 낸 것.

가쓰라무키(桂剥 계박 ; かつらむき) 돌려깎기. 무를 세워 칼로 얇게 돌려가며 깎는 것.

가쓰오(鰹, 堅魚 견, 견어 ; かつお) 가다랑어. 가다랭이(skipjack).

가쓰오노타타키(鰹の叩 견고 ; かつおのたたき) 야키시모하여 다진 채소를 올려 만든 가다랑어회.

가쓰오부시(鰹節 견절 ; かつおぶし) 가다랑어포.

가야노미(榧の実 비실 ; かやのみ) 비자나무열매.

가야쿠(加薬 가약 ; かやく) 첨가재료. 요리에 부재료나 야쿠미(양념) 등을 첨가하는 의미로, 냄비요리나 우동, 비빔밥 등에 넣는 재료를 지칭.

가야쿠메시(加薬飯 가약반 ; かやくめし) 각종 채소와 닭고기 등을 넣어 지은 밥. = 고모쿠메시(五目飯).

가야쿠우동(加薬饂飩 가약온돈 ; かやくうどん) 닭고기, 어묵, 버섯 등의 재료를 넣어 만든 우동.

가에루(蛙 와 ; かえる) 개구리(frog). 식용개구리로는 송장개구리가 대표적.

가오리(香 향 ; がおり) 향기. 향(aroma).

가와리아게(変揚 변양 ; かわりあげ) 튀김방법 중 하나. 튀김옷에 변화를 특색 있는 모양이 나도록 튀겨낸 튀김조리법.

가와시모(皮霜 피상 ; かわしも) 뜨거운 물을 뿌려서 껍질만 살짝 데친 생선회.

가와에비(川海老 천해노 ; かわえび) 민물새우. 토하(土蝦). 담수하천에서 나오는 새우의 총칭.

가와우오(川魚 천어 ; かわうお) 담수어. 하천어(fresh water fishes). = 가와자카나(川魚).

가와하기(皮剥 피박 ; かわはぎ) 쥐치(filefish).

가유(粥 죽 ; かゆ) 죽(gruel). 보통은 오카유라고 함.

가이바시라(貝柱 패주 ; かいばしら) 조개관자(adductor muscle).

가이산부쓰(海産物 해산물 ; かいさんぶつ) 해물. 해초나 바다 어개류의 총칭.

가이세키료리(会席料理 회석요리 ; かいせきりょうり) 회석요리. 본래는 정식 일본요리인 혼젠료리(本膳料理)를 간략하게 한 요리였으나, 현재는 연회나 모임을 위한 고급요리로 발전하였음.

가이세키료리(懐石料理 회석요리 ; かいせきりょうり) 회석요리. 다도(茶道)에서 차를 마시기 위해서 내는 간단한 요리로, 자가이세키료리(茶懐石料理)라고도 함.

가이소(海藻 해조 ; かいそう) 해초. 해조(sea weed).

가이와레(貝割 ; かいわれ) 떡잎. 무순. 가이와리(貝割)라고도 함.

가이와리(貝割 ; かいわり) ① 조개를 손질할 때 사용하는 기구. ② 자엽(子葉). 떡잎.

가이토(解凍 해동 ; かいとう) 해동(defrost).

가자리기리(飾切 식절 ; かざりぎり) 장식 썰기. 각종 재료를 세공하여 꽃모양 등으로 만드는 썰기 방법.

가자미(蝤蛑 추모 ; がざみ) 꽃게. 와타리가니(渡蟹)라고도 함.

가주우(果汁 과즙 ; かじゅう) 과즙(fruit juice).

가즈노코(数の子 수자 ; かずのこ) 청어알(herring roe).

가지쓰루이(菓子類 과자류 ; かじつるい) 과자류.

가지쓰슈(果実酒 과실주 ; かじつしゅ) 과실주.

가지쓰스(果実酢 과실초 ; かじつす) 과실초.

가지카(杜父魚 두부어 ; かじか)　독중개(sculpin).

가지키(梶木 미목 ; かじき)　청새치. 마카지키(真梶木)의 준말. 새치과 바닷물고기의 총칭이나 보통은 청새치를 지칭함.

가케(掛 괘 ; かけ)　가케우동. 가케소바의 준말. 우동이나 메밀국수에 국물만을 넣어 뜨겁게 끓인 요리.

가쿠니(角煮 각자 ; かくに)　① 중국식 돈육조림. 싯포쿠료리(卓袱料理)의 대표적 요리 중 하나. 돈육 삼겹살을 5cm 정도 사각으로 썰어 단맛이 나도록 부드럽게 조려 먹는 요리. ② 사각썰기한 가다랑어를 달게 조린 요리.

가쿠자토(角砂糖 각사당 ; かくざとう)　각설탕(cube suger).

가쿠즈쿠리(角作, 角造 각작, 각조 ; かくづくり)　사각 주사위 모양으로 썬 생선회.

가키(牡蠣 모려 ; かき)　굴(oyster).

가키(柿 시 ; かき)　감. 감나무(persimmon).

가키나베(牡蠣鍋 모려과 ; かきなべ)　굴냄비.

가키아게(掻揚げ 소양 ; かきあげ)　혼합튀김. 잘게 썬 여러 가지 재료들을 섞어 튀김옷을 입혀 모양을 잡아 튀겨낸 튀김요리.

가타쿠리코(片栗粉 편률분 ; かたくりこ)　갈분.

가타쿠치이와시(片口鰯 편구약 ; かたくちいわし)　멸치(anchovy).

간(雁 안 ; がん)　기러기(wild goose).

간란(甘藍 감람 ; かんらん)　양배추(cabbage). = 가베쓰(キャベツ). = 다마나(玉菜).

간로니(甘露煮 감로자 ; かんろに)　식품을 단맛이 진하게 나도록 간장과 설탕, 미림 등을 넣어 조린 조림요리.

간미료(甘味料 감미료 ; かんみりょう)　감미료(sweetener).

간부쓰(乾物 건물 ; かんぶつ)　건조식품. 호시모노(干物).

간세쓰야키(間接燒 간접소 ; かんせつやき)　간접구이. 재료와 불이 직접 닿지 않도록 금속판이나 전도체를 이용하거나 방사열, 대류열 등에 의해 가열 조리되는 것.

간소(乾燥 건조 ; かんそう)　건조(drying).

간쇼(甘藷 감저 ; かんしょ)　고구마. = 사쓰마이모(薩摩芋).

간조(肝臓 간장 ; かんぞう)　동물의 간(liver). = 기모(肝).

간즈메(缶詰 부힐 ; かんづめ)　통조림(canned food).

간키리(缶切り 부절 ; かんきり)　통조림을 따는 기구.

간키쓰루이(柑橘類 감귤류 ; かんきつるい)　감귤류(citrus fruit).

간텐(寒天 한천 ; かんてん)　한천(agar).

간파치(間八, 紫魚 간팔, 자어 ; かんぱち)　잿방어(amberjack).

간표(乾瓢 건표 ; かんぴょう)　박고지.

갓콩(葛根 갈근 ; かっこん)　칡전분.

갓파(河童 하동 ; かっぱ)　오이(cucumber). 초밥집 은어로, 초밥에 사용되는 오이를 지칭.

갓펭(褐変 갈변 ; かっぺん)　갈변(browning).

갸베츠(キャベツ)　양배추(cabbage).

게가니(毛蟹 모해 ; けがに)　털게. 오오쿠리가니(おおくり蟹)라고도 함.

게소(不足 부족 ; げそ)　초밥집 용어로서 삶은 오징어다리.

게쇼데리(化粧照 화장조 ; けしょうでり)　화장데리. 생선구이를 할 때, 윤기가 나도록 양념간장을 발라주는 것.

게쇼지오(化粧塩 화장염 ; けしょうじお)　화장염. 생선의 소금구이를 할 때, 타지 않도록 지느러미에 소금을 묻혀주는 것.

게시노미(芥子の実 ; けしのみ)　겨자씨. 겨자의 종자(poppy seed).

게시즈(芥子酢 ; けしず)　겨자초. 겨자를 혼합초와 섞은 것.

게이니쿠(鶏肉 계육 ; けいにく)　닭고기(chicken). = 도리니쿠(鳥肉).

게이란(鶏卵 달걀 ; けいらん)　달걀(egg). 보통은 다마고(卵)라고 함.

게즈리부시(削り節 삭절 ; けずりぶし)　가쓰오부시, 사바부시 등을 다시를 만들기 용이하도록 얇게 깎아놓은 것. 특유의 휘발성분의 향을 고려하여 고급요리에서는 다시를 뽑을 때마다 조금씩 만들어 사용하는 경우가 많고, 보통은 기계로 깎아 진공 포장하여 판매함.

겐마이(玄米 현미 ; げんまい)　현미(brown rice).

겐친(巻繊 권섬 ; けんちん)　채소를 가늘게 썰어 으깬 두부와 함께 요리에 이용하는 것.

- 겐친니(巻繊煮 ; けんちんに)　조려서 소금과 간장으로 간을 한 것.
- 겐친무시(巻繊蒸 ; けんちんむし)　생선살이나 닭고기로 싸서 찐 것.
- 겐친야키(巻繊焼 ; けんちんやき)　생선으로 싸서 구운 것.
- 겐친지루(巻繊汁 ; けんちんじる)　맑은국.

겟케이주(月桂樹 월계수 ; げっけいじゅ)　월계수(laurel). 잎에 향기가 있어서 분말 향신료로 요리에 이용.

겡(けん)　무, 당근, 오이 등을 가쓰라무키(桂剥き)하여 가늘게 채썬 것으로 생선회 담을 때 사용.

고구치기리(小口切 소구절 ; こぐちぎり)　가늘고 긴 재료를 통째로 잘게 써는 법.

고나와사비(粉山葵 분산규 ; こなわさび)　가루와사비.

고노모노(香の物 향물 ; こうのもの)　일본김치.

고노시로(鰶 제 ; このしろ)　전어(gizzard shad). 15cm 정도 크기의 것을 코하다(小鰶)라고 함.

고노와타(海鼠腸 해서장 ; このわた)　해삼창자젓. 해삼의 창자를 모아 소금에 절여서 숙성시켜 만든 젓갈.

고노코(海鼠子 해서자 ; このこ)　해삼의 난소를 건조시킨 식품.

고라가에시(甲羅返 갑라반 ; こうらがえし)　게 껍질을 초절임하여 각종 요리에 응용하는 것.

- 고라모리(甲羅盛 : 갑라성 ; こうらもり)　게 껍질을 그릇으로 사용하는 것.
- 고라무시(甲羅蒸 : 갑라증 ; こうらむし)　게 껍질에 채소를 달걀에 풀어 담아 쪄낸 것.
- 고라아게(甲羅揚 : 갑라양 ; こうらあげ)　게 껍질에 채소와 달걀을 풀어 전분을 묻혀 튀긴 것.
- 고라야키(甲羅焼 : 갑라소 ; こうらやき)　게 껍질에 채소를 달걀에 풀어 담아 구워 낸 것.

고로모(衣 의 ; ころも)　튀김옷. 튀김이나 무침, 과자 등의 재료에 묻히거나 담그기 위해 만든 재료.

고로모아게(衣揚 의양 ; ころもあげ)　튀김옷인 다양한 고로모(衣)를 사용하여 만든 튀김요리.

고리(氷 빙 ; こおり)　얼음(ice).

고리(鮴 ; ごり)　독중개의 지방명.

고마(胡麻 호마 ; ごま)　참깨(sesame).

고마다레(胡麻垂 호마수 ; ごまだれ)　참깨를 갈아 간장 · 미림 등을 넣어 만든 참깨소스.

고마도후(胡麻豆腐 호마두부 ; ごまどうふ)　참깨 두부.

고마아부라(胡麻油 호마유 ; ごまあぶら)　참기름(sesame oil).

고마아에(胡麻和 호마화 ; ごまあえ)　깨를 사용하여 무친 요리.

고마이오로시(五枚卸 오매사 ; ごまいおろし)　다섯 장 뜨기.

고마즈(胡麻酢 호마초 ; ごまず)　참깨를 곱게 갈아 배합초에 넣어 만든 소스.

고메(米 미 ; こめ)　쌀(rice).

고메미소(米味噌 미미쟁 ; こめみそ)　쌀된장. 쌀누룩을 원료로 해서 만든 된장으로, 쌀과 콩과 소금의 배합비율에 따라 맛과 색이 다름.

고메코(米粉 미분 ; こめこ)　쌀가루. 멥쌀 또는 찹쌀을 갈아 분말로 한 것으로, 과자나 떡의 재료로 사용.

고메코지(米麹 미국 ; こめこうじ)　쌀누룩.

고모치(子持 자지 ; こもち) ① 산란기에 알을 뱃속에 가지고 있는 생선, ② 생선이 알을 낳아 놓은 미역이나 다시마, ③ 알을 가진 생선의 모양을 세공하여 조리한 것.

고모쿠즈시(五目鮨 오목지 ; ごもくずし) 비빔초밥. = 마제스시(混鮨).

고무기(小麦 소맥 ; こむぎ) 밀(wheat).

고무기코(小麦粉 소맥분 ; こむぎこ) 밀가루(flour).

고무베라(護謨篦 호모비 ; ゴムべら) 고무주걱. 용기에 남아 붙어 있는 것들을 긁어모으는 데 사용하는 조리도구.

고바치(小鉢 소발 ; こばち) ① 무침요리 등을 담는 작은 그릇, ② 일본요리의 메뉴이름으로, 초회나 무침 등의 요리.

고베우시(神戸牛 신호우 ; こうべうし) 고베고기. = 고베니쿠(神戸肉). 일본의 고베(神戸) 지방에서 생산되는 육질이 대단히 좋은 식용 쇠고기.

고보(牛蒡 우방 ; ごぼう) 우엉(edible burdock).

고보(酵母 효모 ; こうぼ) 효모(yeast).

고부(昆布 곤포 ; こぶ) 식용다시마. 곤부(昆布)라고도 함.

고부다시(昆布出汁 곤포출즙 ; こぶだし) 다시마국물. 다시마를 물에 담가 다시마의 지미성분을 추출하여 얻어낸 국물.

고부마키(昆布巻 곤포권 ; こぶまき) 다시마말이. 다시마로 재료를 말아서 간장과 설탕, 미림을 넣고 부드럽게 조려 익힌 요리.

고부지메(昆布締 곤포체 ; こぶじめ) 다시마 절임 생선회. 오로시한 생선에 소금을 뿌려 다시마로 말았다가 사용하는 생선회요리. 곤부지메라고도 함.

고소(酵素 효소 ; こうそ) 효소(enzyme).

고쇼(胡椒 호초 ; こしょう) 후추(pepper).

고시니쿠(子牛肉 자우육 ; こうしにく) 송아지고기(veal).

고신료(香辛料 향신료 ; こうしんりょう) 향신료(spice).

고야도후(高野豆腐 고야두부 ; こうやどうふ) 냉동두부. 두부를 얼려 말린 것으로 물에 불려서 사용. = 고리도후(凍豆腐 ; こおりどうふ).

고이(鯉 리 ; こい) 잉어(common carp).

고이카(甲烏賊 갑오적 ; こういか) 갑오징어(edible commonfish).

고이쿠치쇼유(濃口醤油 농구장유 ; こいくちしょうゆ) 간장. 관동지방에서 발달한 진한 색의 보통간장. 약어로 고이쿠치(濃口)라고도 함.

고지(麹 국 ; こうじ) 누룩.

고차(紅茶 홍차 ; こうちゃ) 홍차(black tea).

고치(鯒 통 ; こち) 양태(bartailed flathead).

고케히키(鱗引 린인 ; こけひき) 생선의 비늘을 제거할 때 사용되는 조리도구. 우로코히키(鱗引き)라고도 함.

고코쿠(五穀 오곡 ; ごこく) 오곡(five grains). 다섯 종류의 곡물. 고메(米-쌀), 무기(麦-보리), 아와(粟-조), 기비(黍-수수), 마메(豆-콩).

고쿠루이(穀類 곡류 ; こくるい) 곡류(cereal).

고히쓰지니쿠(子羊肉 자양육 ; こひつじにく) 양고기(lamb).

곤냐쿠(蒟蒻 구약 ; こんにゃく) 곤약(elephant foot).

곤다테(献立 헌립 ; こんだて) 메뉴(menu).

곤부(昆布 곤포 ; こんぶ) 다시마(kelp). 고부라고도 함.

곤부즈시(昆布鮨 곤포지 ; こんぶずし) 다시마로 만 초밥.

곤즈이(権瑞 권서 ; ごんずい) 쏠종개(striped catfish).

교나(京菜 경채 ; きょうな) 교나.

교니쿠(魚肉 어육 ; ぎょにく) 생선의 살코기.

교뎅(魚田 어전 ; ぎょでん) 생선에 된장을 발라 구운 요리.

교리키코(強力粉 강력분 ; きょうりきこ) 강력분. 밀단백질인 글루텐의 함량이 높아 제빵에 적합한 밀가루.

교자(餃子 교자 ; ギョーザ) 중국요리의 교자. 만두.

교카이루이(魚介類 어개류 ; ぎょかいるい) 생선과 조개류. 어패류(魚貝類).

교쿠(玉 옥 ; ぎょく) 달걀(鶏卵)의 초밥집 은어.

교호(巨峰 거봉 ; ぎょほう) 거봉.

구다모노(果物 과물 ; くだもの) 과실, 과일(fruit). = 가지쓰루이(果実類). = 미즈카시(水菓子).

구라게(水母, 海月 수모, 해월 ; くらげ) 해파리(jellyfish).

구로다이(黒鯛 흑조 ; くろだい) 감성돔(black seabream).

구로마구로(黒鮪 흑유 ; くろまぐろ) 참다랑어(bluefin tuna). 보통 마구로(鮪)라고 하며, 참치의 대표적인 존재. = 혼마구로(本鮪).

구로마메(黒豆 흑두 ; くろまめ) 검은콩.

구로소이(黒曹以 흑조이 ; くろそい) 조피볼락(jacopever).

구로자토(黒砂糖 흑사탕 ; くろざとう) 흑설탕.

구루마에비(車海老 차해노 ; くるまえび) 차새우(tiger prawn).

구루미(胡桃 호도 ; くるみ) 호두(walnuts).

구루텐(グルテン) 글루텐(gluten). 밀가루를 물에 반죽할 때 생기는 점탄성 밀단백질로 함량에 따라 분류.

구리(栗 률 ; くり) 밤(chestnuts).

구리메시(栗飯 률반 ; くりめし) 밤밥. 밤을 넣고 지은 밥.

구리킨톤(栗金団 률금단 ; くりきんとん) 고구마를 삶아 잘게 으깨어 설탕 등으로 조미하여 밤 열매 모양으로 만든 것.

구사모치(草餅 초병 ; くさもち) 쑥떡. 쑥을 첨가해서 만든 떡. 요모기모치(蓬餅)라고도 함.

구사우오(草魚 초어 ; くさうお) 꼼치. 곰치(sea snail).

구시아게(串揚 관양 ; くしあげ) 꼬치튀김.

구시야키(串焼 관소 ; くしやき) 꼬치구이.

구에(九絵 구회 ; くえ) 구문쟁이. 자바리(kelp grouper).

구엔산(枸櫞酸 구연산 ; くえんさん) 구연산(citric acid).

구와이(慈姑 자고 ; くわい) 쇠귀나물.

구즈(葛 갈 ; くず) 칡.

구즈앙(葛餡 갈함 ; くずあん) 물에 갠 칡 전분.

구즈코(葛粉 갈분 ; くずこ) 칡 전분.

구지라(鯨 경 ; くじら) 고래(whale).

구치가와리(口代 구대 ; くちがわり) 연회음식에서 입맛을 환기시키기 위한 구치도리(口取)용 술안주요리.

구치나시(梔子 치자 ; くちなし) 치자나무(gardenia).

구치토리(口取 구취 ; くちとり) 입가심. 다른 음식의 맛을 만끽할 수 있도록 입맛을 가셔내기 위한 안주, 과자, 맑은국 등.

구코(枸杞 구기 ; くこ) 구기자나무.

구코차(枸杞茶 구기다 ; くこちゃ) 구기자차.

군캉마키(軍艦巻 군함권 ; ぐんかんまき) 군함말이. 니기리즈시 1개 분량의 초밥을 쥐어 측면을 김으로 말아 이쿠라, 우니 등을 올려낸 것으로, 측면에서 보면 군함을 떠올리게 한다 하여 붙여진 이름.

규나베(牛鍋 우과 ; ぎゅうなべ) 쇠고기냄비. 스키야키(鋤焼).

규뉴(牛乳 우유 ; ぎゅうにゅう) 우유. 소의 젖(milk).

규니쿠(牛肉 우육 ; ぎゅうにく) 쇠고기(beef).

규돈(牛丼 우정 ; ぎゅうどん) 쇠고기덮밥. = 니쿠돈(肉丼), 규메시(牛飯).

규리(胡瓜 호과 ; きゅうり) 오이(cucumber).

기노메(木の芽 목아 ; きのめ) 산초의 어린잎.

기노코(茸 용 ; きのこ) 버섯(fungi).

기다이(黄鯛 황조 ; きだい) 황돔(yellowback seabream). = 렌코다이(蓮子鯛 : 련자조).

기라즈(雪花菜 설화채 ; きらず) 조리에 쓰이는 비지. 오카라(オカラ)라고도 함.

기루(切る 절 ; きる) 절단. 칼로 식품을 용도와 조리방법에 따라 써는 것.

기모(肝 간 ; きも) 간. 간장(肝臟). 요리에 이용되는 동물의 간.

기무치(キムチ) 김치. 한국의 대표적인 음식. = 조우센즈케(朝鮮漬け).

기미(黄身 황신 ; きみ) 난황(卵黄). 달걀 노른자(egg yolk).

기비(黍 서 ; きび) 기장(millet). 수수. 조.

기비나고(黍魚子 서어자 ; きびなご) 샛줄멸.

기스(鱚 희 ; きす) 보리멸(sand borer).

기쓰네(狐 호 ; きつね) ① 여우(fox). ② 유부를 넣어 조리한 요리.

기자메(刻め 각 ; きざめ) 칼로 가늘게 썰어낸 것. 또는 그렇게 만든 채소샐러드.

기지(生地 생지 ; きじ) 생지.

기지(雉子 치자 ; きじ) 꿩(pheasant).

기쿠(菊 국 ; きく) 국화(chrysanthemum).

기쿠나(菊菜 국채 ; きくな) 쑥갓. = 기쿠(旬菊).

기쿠라게(木耳 목이 ; きくらげ) 목이버섯(jews 'ear).

기쿠즈쿠리(菊作, 菊造 국작, 국조 ; きくづくり) 국화모양 생선회. 생선회를 얇게 썰어서 국화꽃 모양으로 만드는 것.

기하다(黄肌 황기 ; きはだ) 황다랑어(yellowfin tuna).

긴낭(銀杏 은행 ; ぎんなん) 은행(ginkgo nuts).

긴다라(銀鱈 은설 ; ぎんだら) 은대구(black cod).

긴메다이(金眼鯛 금안조 ; きんめだい) 금눈돔(alfonsino).

긴시(錦糸, 金糸 금사 ; きんし) 비단실 장식. 음식에 달걀 지단이나 유바(湯葉) 등을 가늘게 채썰어, 비단실같이 노랗게 장식하는 것.

긴통(金団 금단 ; きんとん) 감자류를 달게 조려 체에 걸러 조미한 후, 행주로 감아 밤모양으로 만든 음식.

긴포(銀宝 은보 ; ぎんぽ) 베도라치(blenny). 긴포(銀宝)라고도 함.

긴피라고보(金平牛蒡 금평우방 ; きんぴらごぼう) 우엉조림.

깃카(菊花 국화 ; きっか) 국화(chrysanthemum).

깅가미야키(銀紙焼 은지소 ; ぎんがみやき) 재료를 은박지로 싸서 굽는 요리.

니시(螺 라 ; にし) 고둥(muricoid).

니시메(煮染 자염 ; にしめ) 재료에 충분히 색과 맛이 들도록 시간을 두고 조리는 것.

니신(鰊 련 ; にしん) 청어(herring).

니쓰메(煮詰 자힐 ; につめ) 초밥재료에 바르는 다레(垂れ). 간단히 쓰메(詰)라고도 함.

니쓰케(煮付 자부 ; につけ) 조림국물이 거의 남지 않도록 진하게 조리는 것.

니오이(臭 취 ; におい) 냄새.

니와토리(鶏 계 ; にわとり) 닭(chicken).

니코고리(煮凝り 자응 ; にこごり) 생선의 젤라틴을 끓였다가 차게 굳힌 요리. 복어의 니코고리가 대표적.

니코무(煮込 자입 ; にこむ) 재료를 약한 불에서 장시간 푹 끓이는 조리방법.

니코미우동(煮込饂飩 자입온돈 ; にこみうどん) 푹 끓인 육수에 삶은 우동.

니쿠단고(肉団子 육단자 ; にくだんご) 고기단자.

니쿠타타키(肉叩 육고 ; にくたたき) 다짐망치. 고기를 두들겨 육질을 연하게 하는 금속제 기구.

니키리(煮切 자절 ; にきり) 미림이나 술의 알코올을 제거하는 것.

니하이즈(二杯酢 이배초 ; にはいず) 이배초. 혼합초로서 간장과 식초를 동량으로 섞는 것.

니혼료리(日本料理 일본요리 ; にほんりょうり) 일본요리. = 와쇼쿠(和食).

니혼슈(日本酒 일본주 ; にほんしゅ) 청주. 일본술.

닌니쿠(大蒜 대산 ; にんにく) 마늘(garlic).

닌진(人参 인삼 ; にんじん) 당근(carrot).

ㄷ

다네(種 종 ; たね) 주재료. 요리를 위해 준비해 둔 재료. 네타라고도 함.

다네누키(種抜き 종발 ; たねぬき) 과실의 종자를 빼는 기구.

다니시(田螺 전라 ; たにし) 민물우렁이(vivipara).

다라(鱈 설 ; たら) 대구(cod fish).

다라노메(楤芽 송아 ; たらのめ) 두릅나물. = 다라노키(楤木).

다라노키(楤木 송목 ; たらのき) 두릅나무.

다라치리(鱈ちり 설 ; たらちり) 대구냄비요리. 대구지리.

다라코(鱈子 설자 ; たらこ) 명태의 난소를 염장한 것. 모미지코(紅葉子)라고도 함.

다라코부(鱈昆布 설곤포 ; たらこぶ) 대구맑은국.

다레(垂 수 ; たれ) 다레. 데리야키소스.

다루(樽 준 ; たる) 나무통. 술이나 간장 등을 넣어두는 통. 크고 둥글며 뚜껑이 있음.

다마(玉 옥 ; たま) 초밥집의 은어로서 피조개를 말하며, 혼다마(本玉)라고도 함.

다마고(卵 란 ; たまご) 알의 총칭. 주로 달걀을 뜻하며, 게이란(鷄卵)이라고도 함.

다마고도후(玉子豆腐 옥자두부 ; たまごどうふ) 달걀두부.

다마고돈부리(玉子丼 옥자정 ; たまごどんぶり) 달걀덮밥. 다마고토지(卵綴)를 만들어 밥에 얹어 담아낸 요리.

다마고마키(卵巻き 란권 ; たまごまき) 달걀말이. 다시마키(出汁巻)라고도 함.

다마고마키나베(卵巻鍋 란권과 ; たまごまきなべ) 달걀말이판. 철이나 알루미늄으로 되어 있는 달걀말이 전용 사각팬.

다마고쇼유(卵醤油 란장유 ; たまごしょうゆ) 달걀간장.

다마고유데키(卵茹器 란여기 ; たまごゆでき) 달걀을 삶는 전기기구.

다마고자케(卵酒 란주 ; たまござけ) 달걀술.

다마고지루(卵汁 란즙 ; たまごじる) 달걀물.

다마고토지(卵綴 란철 ; たまごとじ) 음식 위에 달걀을 다시에 풀어 엉기게 하여 얹어 낸 요리.

다마네기(玉葱 옥총 ; たまねぎ) 양파(onion).

다마리쇼유(溜醤油 류장유 ; たまりしょうゆ) 다마리간장. 대두와 식염으로만 만든 색이 진한 간장으로, 요리의 색을 내는 데 사용.

다마미소(玉味噌 옥미쟁 ; たまみそ) 기본된장. 흰된장에 난황, 청주, 미림 등을 넣어 가열하면서 굳힌 된장.

다마자케(玉酒 옥주 ; たまざけ) 술과 물을 반씩 섞은 것으로 손질된 생선을 씻는 데 사용.

다마지(玉地 옥지 ; たまじ) 달걀물. = 다마고지루(卵汁).

다시(出汁 출즙 ; だし) 다시. 다시국물.

다시마키(出汁巻 출즙권 ; だしまき) 달걀말이. 다시마키다마고(出汁巻卵)의 준말.

다시와리(出汁割 출즙할 ; だしわり) 간장이나 조미료 등을 다시국물로 희석하여 간을 연하게 한 것.

다시카케(出汁掛 출즙괘 ; だしかけ) 조미한 국물을 음식에 끼얹어내는 요리.

다시콘부(出汁昆布 출즙곤포 ; だしこんぶ) 다시용 다시마.

다쓰쿠리(田作 전작 ; たつくり) 말린 잔멸치. 또는 이것을 간장과 설탕, 술 등으로 조린 것.

다쓰타(竜田 룡전 ; たつた) 간장이나 새우 등의 재료로, 음식에 단풍과 같은 색이 나도록 만든 것.

다이(鯛 조 ; たい) 도미(sea bream).

다이다이(橙, 代代 등, 대대 ; だいだい) 등자(나무). 향산성 녹색 감귤로서 요리나 혼합초를 만드는 데 즙을 사용.

다이도코로(台所 태소 : だいどころ) 부엌(kitchen).

다이라가이(平貝 평패 ; たいらがい) 키조개(pan shell). = 다이라기.

다이메시(鯛飯 조반 ; たいめし) 도미를 사용한 밥.

다이멘(鯛麺 조면 ; たいめん) 삶은 소면에 도미조림을 얹어낸 요리. 다이소우멘(鯛素麺 : 조소면)의 약어.

다이묘오로시(大名卸 대명사 ; だいみょうおろし) 칼로 중골 위의 뼈를 누르면서 단번에 오로시하는 것. 사요리 등의 생선에 이용.

다이사이(体菜 체채 ; たいさい) 일본식 배추의 일종으로 모양은 중국의 청경채와 유사.

다이쇼에비(大正海老 대정해로 ; たいしょうえび) 대하(prawn).

다이야키(鯛焼 조소 ; たいやき) 붕어빵처럼 앙금을 넣어 도미 모양으로 구워낸 과자.

다이즈(大豆 대두 ; だいず) 콩. 대두(soy beans).

다이즈고항(大豆御飯 대두어반 ; だいずごはん) 콩밥.

다이즈모야시(大豆萌 대두맹 ; だいずもやし) 콩나물. = 마메모야시(豆萌).

다이즈유(大豆油 대두유 ; だいずゆ) 콩기름. 식용유. 콩을 압착 추출하여 얻은 원유를 정제한 것. 샐러드, 튀김 등에 이용.

다이즈코(大豆粉 대두분 ; だいずこ) 콩가루.

다이차쓰케(鯛茶漬 조다지 ; たいちゃづけ) 도미차밥.

다이치리(鯛ちり ; たいちり) 도미지리. 도미냄비.

다이카부라(鯛蕪 조무 ; たいかぶら) 도미머리와 순무를 간장으로 조린 조림요리로서 교토의 향토요리.

다이콘(大根 대근 ; だいこん) 무(radish).

다이콘나마스(大根膾 대근회 ; だいこんなます) 무나 당근을 채썰어 소금에 절였다가 혼합초로 초절임한 것.

다이콘오로시(大根卸 대근사 ; だいこんおろし) 무즙. 무를 강판을 이용하여 갈아낸 것을 취한 것.

다즈나누키(手綱抜 수강발 ; たづなぬき) 채소를 나선 모양으로 파내는 데 이용하는 조각도구.

다즈나마키(手綱巻 수강권 ; たづなまき) 부드러운 재료 세 가지를 김발 위에 어슷하게 놓고 말아낸 초밥.

뎃사(鉄刺 철자 ; てっさ) 복사시미. 복어의 별명인 철포(鉄砲)의 사시미(刺身)란 뜻의 약어.

뎃센(鉄扇 철선 ; てっせん) 요리에 부채 모양의 꼬치를 꿰거나 부채 모양으로 자른 요리의 이름.

뎃치리(てっちり) 복지리. 복어냄비.

뎃카돈부리(鉄火丼 철화정 ; てっかどんぶり) 초밥에 참치의 붉은 살을 얹은 요리.

뎃카마키(鉄火巻 철화권 ; てっかまき) 참치김초밥.

뎃판야키(鉄板焼 철판소 ; てっぱんやき) 철판구이. 철판구이요리.

뎃포(鉄砲 철포 ; てっぽう) 복어의 별명.

뎃포마키(鉄砲巻 철포권 ; てっぽうまき) 박고지조림을 넣어 만든 호소마키(細巻き). = 간표마키(干瓢巻).

뎃포야키(鉄砲焼 철포소 ; てっぽうやき) 고추된장을 발라 구운 요리.

도가라시(唐辛子 당신자 ; とうがらし) 홍고추(red pepper).

도나베(土鍋 토과 ; どなべ) 질그릇냄비. 흙으로 구워 만든 냄비.

도뉴우(豆乳 두유 ; とうにゅう) 두유(soy milk).

도라후구(虎河豚 호하돈 ; とらふぐ) 범복(tiger puffer). 복어 중에서 최상품.

도로(トロ) 참치의 뱃살. 오도로(大−), 주우도로(中−), 세도로(背−) 등.

도로로(薯蕷 서여 ; とろろ) 산마즙. 산마를 강판에 갈아 술과 소금 등으로 간을 한 것.

도로로소바(薯蕷蕎麦 서여교맥 ; とろろそば) 산마즙 메밀국수. 소바다시에 산마즙을 넣어 먹는 메밀국수.

도로로이모(薯蕷藷 서여저 ; とろろいも) 산마. 마(yam).

도로로지루(薯蕷汁 서여즙 ; とろろじる) 산마즙을 넣은 장국.

도로로콘부(薯蕷昆布 서여곤포 ; とろろこんぶ) 다시마를 가늘게 썰어서 만든 다시마 가공식품.

도리가이(鳥貝 조패 ; とりがい) 새조개(cockle).

도리니쿠(鶏肉 계육 ; とりにく) 닭고기(chicken).

도리메시(鶏飯 계반 ; とりめし) 닭고기밥. 닭육수에 간장, 소금으로 간을 하고, 닭고기를 넣어 지은 밥.

도메완(止椀 지완 ; とめわん) 가이세키(会席)요리 가장 끝에 나오는 식사와 함께 나오는 국물요리.

도모로코시(玉蜀黍 옥촉서 ; とうもろこし) 옥수수(corn).

도묘지아게(道明寺揚 도명사양 ; どうみょうじあげ) 찹쌀을 쪄서 말린 식품을 재료에 묻혀 튀긴 튀김요리.

도부로쿠(濁酒 독주 ; どぶろく) 막걸리. 청주의 제조공정에서 거르지 않은 탁한 술.

도비우오(飛魚 비어 ; とびうお) 날치(flying fish).

도비코(飛び子 비자 ; とびこ) 날치 알, 날치의 알.

도빈(土瓶 토병 ; どびん) 질주전자. 조리용기로서 송이버섯의 주전자찜 요리에 사용.

도빈무시(土瓶蒸 토병증 ; どびんむし) 주전자찜. 송이버섯요리가 대표적.

도사(土佐 토좌 ; とさ) 가쓰오부시(鰹節)의 산지.

도사쇼유(土佐醤油 토좌장유 ; とさしょうゆ) 가쓰오부시, 미림, 술 등으로 간을 하여 끓여 맛을 낸 간장.

도사즈(土佐酢 토좌초 ; とさず) 혼합초의 일종으로 혼합초 제조 시 가쓰오부시를 사용한 것.

도사카노리(鶏冠海苔 계관해태 ; とさかのり) 닭벼슬 모양의 홍조류 해초.

도시코시소바(年越蕎麦 년월교맥 ; としこしそば) 해넘기기 메밀국수.

도이시(砥石 지석 ; といし) 숫돌. 칼을 가는 돌.

도자니(当座煮 당좌자 ; とうざに) 채소 등을 간장과 술을 넣어 짜게 조린 요리.

도조(泥鰌 니추 ; どじょう) 미꾸라지(loach).

도코로텐(心太 심태 ; ところてん) 우무. 우뭇가사리의 한천질을 추출, 응고시켜 만든 식품.

도코부시(常節 상절 ; とこぶし) 오븐자기(ear shell). 떡조개.

도키(陶器 도기 ; とうき) 도자기. 자기그릇.

도테나베(土手鍋 토수과 ; どてなべ) 패류와 채소를 넣어 된장으로 맛을 낸 냄비요리.

도후(豆腐 두부 ; とうふ) 두부(bean curd).

돈부리(丼 정 ; どんぶり) ① 덮밥요리. ② 덮밥용 그릇. = 돈부리바치(丼鉢).

돈부리메시(丼飯 정반 ; どんぶりめし) 덮밥. 돈부리바치(丼鉢)에 밥을 넣고, 그 위에 조리한 재료를 얹어낸 식사요리.

돈소쿠(豚足 돈족 ; とんそく) 돼지족발.

돈지루(豚汁 돈즙 ; とんじる) 돈육국물. = 부타지루.

돈치리(豚ちり) 돈육지리냄비.

돗쿠리(徳利 덕리 ; とっくり) 뜨거운 청주를 담아 마시는 작은 술병.

ㄹ

라이교(雷魚 뢰어 ; らいぎょ) 가물치(snakehead).

란기리(卵切 난절 ; らんぎり)　끈기를 주기 위해, 물 대신 난황을 넣고 반죽하여 만든 국수.

란기리(乱切 난절 ; らんぎり)　연근, 우엉, 당근 등의 채소를 한 손으로 돌려가며 칼로 어슷하게 잘라 삼각 모양이 나도록 자르는 것.

랏카세이(落花生 낙화생 ; なっかせい)　땅콩. 낙화생(peanuts). = 난킨마메(南京豆).

랏쿄(辣韭 랄구 ; らっきょう)　염교(scallion).

레몬(レモン)　레몬(lemon).

렌코다이(蓮子鯛 련자조 ; れんこだい)　황돔(yellowback seabream). = 기다이(黃鯛).

렌콘(蓮根 련근 ; れんこん)　연근(lotus).

로바타야키(炉端焼 로단소 ; ろばたやき)　술안주용 꼬치구이 또는 꼬치조림.

료리(料理 요리 ; りょうり)　요리. 식품에 조리조작을 가하여 만든 음식.

료쿠차(緑茶 녹차 ; りょくちゃ)　녹차(green tea). 찻잎의 녹색을 유지하도록 만든 비발효차.

링고(林檎 림금 ; りんご)　사과(apple).

링고슈(林檎酒 림금주 ; りんごしゅ)　사과주(cider). 사과를 발효시켜 만든 알코올음료.

ㅁ

마곤부(真昆布 진곤포 ; まごんぶ)　다시마 중에서 가장 크고 맛이 좋은 고급 다시마.

마구로(鮪 유 ; まぐろ)　다랑어(tuna). 고등어과 다랑어속 물고기의 총칭. 참치류와 새치류로 대별되고, 구로마구로(黒鮪)가 가장 대표적이며, 혼마구로(本鮪)라고도 함.

- 새치류　마카지키(청새치), 메카지키(황새치), 바쇼카지키(돛새치), 구로카지키(흑새치), 시로카지키(백새치).
- 참치류　구로마구로(참다랑어), 메바치(눈다랑어), 기하다(황다랑어), 빈나가(날개다랑어).

마구차(鮪茶 유다 ; まぐちゃ)　참치 차밥. 참치로 만든 자즈케(茶漬)로서, 간장에 담가두었던 참치살을 썰어 김가루와 함께 밥에 얹어 차를 부어낸 요리.

마나가쓰오(真魚鰹 진어견 ; まながつお)　병어(pomfret).

마나바시(真魚箸 진어저 ; まなばし)　생선을 손질할 때 사용하던 젓가락. 또는 생선회를 담을 때 사용하는 젓가락.

마나이타(俎板, 真魚板 조판, 진어판 ; まないた)　도마. 나무도마.

마다라(真鱈 진설 ; まだら)　대구(cod). = 다라(鱈).

마다이(真鯛 진조 ; まだい)　참돔(sea bream). = 다이(鯛).

마다코(真蛸 진소 ; まだこ) 참문어(common octopus). = 다코(蛸).

마루니(丸煮 환자 ; まるに) 재료를 자르지 않고 통째로 끓이거나 조리는 것. 또는 자라 조림요리.

마루아게(丸揚 환양 ; まるあげ) 생선이나 닭고기 등의 재료를 손질하여 물에 씻어 통째로 기름에 튀기는 것.

마메(豆 두 ; まめ) 콩. 두류.

마메모야시(豆萌 두맹 ; まめもやし) 콩나물(bean sprout).

마메미소(豆味噌 두미쟁 ; まめみそ) 콩된장. 삶은 대두를 누룩으로 하여 식염수에 담가 만든 것.

마무시(真蒸, 間蒸 진증, 간증 ; まむし) 지방에서 만들어진 덮밥요리. 마부시(真蒸)라고도 함.

마사고아게(真砂揚 진사양 ; まさごあげ) 미진코나 겨자씨 등 모래알같이 작은 알갱이를 재료에 묻혀 튀긴, 일종의 가와리아게(変り揚げ)요리.

마사고아에(真砂和 진사화 ; まさごあえ) 알무침. 대구나 청어의 알 등 모래알처럼 작은 크기의 알을, 술로 씻어 조미하여 오징어 채썬 것 등 가느다란 재료에 섞어 무친 요리.

마사바(真鯖 진청 ; まさば) 고등어. = 사바(鯖).

마스(鱒 준 ; ます) 송어(cherry salmon).

마쓰노미(松の実 송실 ; まつのみ) 오엽송(五葉松)의 종자. 솔방울 안에 있는 백색의 열매로, 껍질을 벗겨 술안주로 식용.

마쓰마에즈(松前酢 송전초 ; まつまえず) 다시마를 첨가하여 지미성분을 우려내어 만든 혼합초.

마쓰바가니(松葉蟹 송엽해 ; まつばがに) 바다참게. = 즈와이가니(蟹).

마쓰바기리(松葉切 송엽절 ; まつばぎり) 재료를 솔잎처럼 가늘게 써는 것. 또는 썰어 놓은 것.

마쓰바아게(松葉揚 송엽양 ; まつばあげ) 마른 소면이나 건메밀 국수를 1cm 정도로 잘라 재료의 겉에 묻혀서 튀겨낸 가와리아게(変り揚げ)요리.

마쓰바야키(松葉焼 송엽소 ; まつばやき) 송이버섯이나 은행, 흰살 생선 등을 종이나 알루미늄호일로 말아서 무시야키(蒸し焼き)하는 것. 또는 솔잎을 깔아 향이 배게 굽는 요리.

마쓰바오로시(松葉卸 송엽사 ; まつばおろし) 생선손질 법 중 하나로, 다이묘오로시(大名卸 대명사)하여 중골(中骨)만을 제거하는 것.

마쓰사카우시(松阪牛 송판우 ; まつさかうし) 마쓰사카쇠고기. 마쓰사카시(松阪市) 부

근에서 키우는 최고급의 쇠고기. 소에게 특수한 사료와 맥주를 마시게 하고, 마사지를 해주어 육질을 부드럽게 만들며 키운 것. 지방의 교잡도(霜降, marbling)가 높아 육질이 부드럽고 대단히 맛이 좋아서, 스키야키나 샤브샤브 등의 요리에 최상급 고기로 사용되고 있음.

마쓰카사다이(松笠鯛 송립조 ; まつかさだい) 비늘을 제거한 도미의 살을 끓는 물에 데쳐낸 것.

마쓰카사우오(松毬魚 송구어 ; まつかさうお) 철갑둥어(pinecone fish).

마쓰카사이카(松笠烏賊 송립오적 ; まつかさいか) 오징어 몸에 가늘고 비스듬하게 격자형 칼집을 넣어, 끓는 물에 데쳐 솔방울 모양을 낸 것.

마쓰카와고보(松皮牛蒡 송피우방 ; まつがわごぼう) 우엉의 껍질을 벗기지 않고 조린 요리로, 우엉의 표면이 소나무와 같이 보인다 하여 붙여진 이름.

마쓰카와즈쿠리(松皮作り 송피작 ; まつがわづくり) 작은 도미를 시모후리(霜降)하여, 껍질을 벗기지 않고 만든 생선회 요리. = 시모후리즈쿠리(霜降作り).

마쓰타케(松茸 송용 ; まつたけ) 송이버섯. 자연송이(pine mushroom).

마쓰타케메시(松茸飯 송용반 ; まつたけめし) 송이버섯밥. 곤부다시에 소금과 간장, 술로 조미한 것으로 밥을 지어, 얇게 썬 송이버섯을 넣고 뜸을 들여 완성. 마쓰타케고항(松茸飯)이라고도 함.

마아지(真鯵 진참 ; まあじ) 전갱이(jack mackerel). = 아지(鯵).

마이와시(真鰯 진약 ; まいわし) 정어리(pilchard). = 이와시(鰯).

마이카(真烏賊 진오적 ; まいか) 오징어. 동경에서는 고우이카(甲烏賊 : 갑오징어), 북해도에서는 스루메이카(鯣烏賊:), 야마구치에서는 겐사키이카를 지칭함.

마이타케(舞茸 무용 ; まいたけ) 식용버섯의 일종.

마제메시(混飯 혼반 ; まぜめし) 비빔밥. 재료에 따로 진한 맛으로 조미하여 밥과 섞어 낸 요리. 공손한 표현으로는 마제고항(混ぜ御飯)이라고 함.

마카지키(真梶木 지미목 ; まかじき) 청새치(striped marlin).

마코가레이(真子鰈 진자접 ; まこがれい) 문치가자미(marbled sole).

마쿠노우치(幕の内 막내 ; まくのうち) 도시락. 밥과 각종의 반찬을 담은 도시락으로서, 막간을 이용해서 먹는다는 뜻에서 유래되었으며, 마쿠노우치벤토(幕の内弁当)의 준말.

마키스(巻簾 권렴 ; まきす) 김발. 대나무 발로서, 마키즈시(巻鮨)를 마는 도구.

마키즈시(巻鮨 권지 ; まきずし) 말이초밥, 김초밥(roll sushi).

마하타(真羽太 진우태 ; まはた) 능성어.

만보(翻車魚 번차어；まんぼう)　개복치(sunfish).

만주(饅頭 만두；まんじゅう)　만두. 밀가루를 반죽하여 내용물을 넣어 싸서 찌거나 구운 과자.

맛차(抹茶 말다；まっちゃ)　녹차를 갈아서 분말로 한 고급 가루차. 히키차(挽茶)라고도 함.

메네기(芽葱 아총；めねぎ)　파의 싹.

메누케(目抜 목발；めぬけ)　눈이 큰 붉돔(redfish).

메다마야키(目玉焼 목옥소；めだまやき)　달걀부침. 달걀 프라이. 달걀을 풀지 않고 그대로 난황의 모양을 살려낸 것. 익힘의 정도는 기호에 따라 완숙 또는 반숙으로 함.

메론(西洋瓜 서양과；メロン)　서양과. 머스크멜론(muskmelon).

메바루(眼張 안장；めばる)　볼락(darkbanded rockfish). 천징어.

메바치(眼撥 안발；めばち)　눈다랑어(bigeye tuna).

메시(飯 반；めし)　밥. 백반. 식사. 쌀로 지은 밥. 고항(御飯)이라고도 함.

메시야(飯屋 반옥；めしや)　음식점. 밥집.

메우치(目打 목타；めうち)　조리용 송곳.

메이타가레이(眼板鰈 안판접；めいたがれい)　도다리.

메지나(眼仁奈 안인내；めじな)　벵에돔(girella).

메지소(芽紫蘇 아자소；めじそ)　차조기순. 어린 시소잎으로 샐러드, 쓰마(妻) 등에 이용.

메카지키(眼梶木 안미목；めかじき)　황새치(swordfish).

멘루이(麺類 면류；めんるい)　면. 면요리.

멘보우(麺棒 면봉；めんぼう)　면봉. 밀대.

멘타이(明太 명태；めんたい)　명태. = 스케토다라(介党鱈)

멘타이코(明太子 명태자；めんたいこ)　명란젓. 명태알에 고춧가루를 넣어 만든 젓갈.

멘토리(面取り 면취；めんとり)　요리에 사용하는 무, 순무 등의 면을 다듬는 것.

모나카(最中 최중；もなか)　생과자 종류 중 하나로서, 팥소를 사이에 두고 두 장을 붙여 만든 것.

모도스(戻す 태；もどす)　건조된 식재료를 물에 담가 불리거나 데워서 원래의 상태로 복원하는 것.

모로미(諸味 제미；もろみ)　청주나 간장 등을 양조하기 위해 사용하는 전국.

모로코시(蜀黍 촉서；もろこし)　수수(millet).

모리소바(盛蕎麦 성교맥；もりそば)　메밀국수.

모리쓰케(盛付 성부；もりつけ)　① 음식담기, ② 음식을 담는 업무를 담당하는 조리사, ③ 일본요리 조리사의 서열상의 계급.

모리아와세(盛合 성합 ; もりあわせ) 여러 가지 요리를 하나의 그릇에 모아 담는 것.

모멘도후(木棉豆腐 목면두부 ; もめんどうふ) 두부. 간수를 넣어 굳힌 보통 두부. 성형하여 탈수할 때 헝겊으로 덮었다고 하여 지어진 이름.

모모(挑 도 ; もも) 복숭아(peach).

모모니쿠(股肉 고육 ; ももにく) 대퇴부. 육류의 넓적다리 부위.

모모야마(挑山 도산 ; ももやま) ① 과자명(菓子名 ; 찹쌀 반죽에 흰팥소를 넣어 구운 과자), ② 시대명(時代名 ; 豊臣秀吉의 활약을 중심으로 하여 일본이 번성했던 安土桃山時代), ③ 지명(地名 ; 京都시 안의 한 지명).

모미노리(揉海苔 유해태 ; もみのり) 부순 김. 김을 구워 부숴놓은 것.

모미지오로시(紅葉卸 홍엽사 ; もみじおろし) 빨간 무즙. 무즙을 홍고추로 물들인 것으로, 단풍잎의 색과 같다 하여 붙여진 이름. 무에 고추를 박아 넣어 강판에 갈거나 무즙에 고춧가루와 고추의 즙을 섞어 무쳐서 사용. = 아카오로시(赤卸).

모야시(萌 맹 ; もやし) 콩나물(bean sprout). = 마메모야시(豆萌).

모즈쿠(海蘊 해온 ; もずく) 매생이, 큰 실 말. 감태와 유사한 식용 해조류.

모치(餅 병 ; もち) 떡.

모치고메(糯米 나미 ; もちごめ) 찹쌀(glutinous rice).

모치코(餅粉 병분 ; もちこ) 찹쌀가루.

묘가(茗荷 명하 ; みょうが) 양하.

묘반(明礬 명반 ; みょうばん) 명반(alum).

무기(麦 맥 ; むぎ) 보리(barley).

무기메시(麦飯 맥반 ; むぎめし) 보리밥. 멥쌀에 보리를 섞어 지은 밥. 또는 보리만 넣어 지은 밥.

무기미소(麦味噌 맥미쟁 ; むぎみそ) 보리누룩을 삶은 콩에 넣어 숙성시켜 만든 된장.

무기차(麦茶 맥다 ; むぎちゃ) 보리차.

무기코(麦粉 맥분 ; むぎこ) 보릿가루를 뜻하나, 보통은 고무기코(小麦粉–밀가루)를 지칭.

무기코가시(麦焦 맥초 ; むぎこがし) 보리미숫가루. 보리를 제분한 것으로 과자원료로 사용.

무라사키(紫 자 ; むらさき) 간장. 간장의 별명. = 쇼유(醬油).

무스비(結 결 ; むすび) 매듭. 또는 주먹밥.

무시가레이(虫鰈 충접 ; むしがれい) 물가자미(shotted halibut). 미즈가레이(水鰈)라고도 함.

무시모노(蒸物 증물 ; むしもの) 찜요리.

무시야키(蒸焼 증소 ; むしやき) 간접구이 조리방법으로서, 오븐구이가 대표적.

무시즈시(蒸鮨 증지 ; むしずし) 찜초밥. 초밥에 밑간을 한 간표, 표고, 붕장어 등을 섞어 찜기에 쪄낸 것.

무시키(蒸器 증기 ; むしき) 찜통. 찜기.

무쓰(鯥 륙 ; むつ) 게르치(bluefish).

무엔쇼유(無塩醬油 무염장유 ; むえんしょうゆ) 무염간장. 고혈압이나 당뇨병 환자들의 무염식(無塩食)을 위한 간장으로, 식염 대신 염화칼륨으로 짠맛을 내도록 만든 것.

무코이타(向板 향판 ; むこういた) ① 조리사, ② 생선을 취급하는 파트, ③ 조리사의 계급.

무코즈케(向付 향부 ; むこうづけ) 회석(懐石)요리에서 나오는 생선회.

무키모노(剥物 박물 ; むきもの) 조각품. 요리가 돋보이도록 식재료를 동물이나 꽃 등의 모양으로 세공하여 만든 것.

무키미(剥身 박신 ; むきみ) 조갯살. 조개의 껍질에서 꺼낸 조개의 살

무키에비(剥海老 박해로 ; むきえび) 새우살. 껍질을 벗긴 새우의 살.

미루(海松 해송 ; みる) 청각(sea staghorn).

미루가이(海松貝 해송패 ; みるがい) 왕우럭조개. = 미루쿠이(海松食).

미림(味醂 미림 ; みりん) 미림.

미소(味噌 미쟁 ; みそ) 된장(soy bean). 콩을 삶아 식염과 물을 섞어 누룩으로 발효 · 숙성시킨 것. 여기에서 나온 액즙으로 간장을 만든다. 제법은 중국에서 조선을 거쳐 일본으로 전해졌으며, 명칭은 조선의 밀조(蜜祖-ミソ)의 발음에서 유래되었다고 함.

미소니(味噌煮 미쟁자 ; みそに) 된장조림. 조림요리 중 하나. 각종 재료를 된장으로 진하게 조려낸 것. 미소다키(味噌炊き)라고도 함.

미소스키(味噌鋤 미쟁서 ; みそすき) 된장으로 끓인 냄비요리로, 스키야키(鋤焼)에 된장을 넣어 조리한 것을 말하며, 소, 돼지, 말고기 등을 재료로 사용하기도 함.

미소시루(味噌汁 미쟁즙 ; みそしる) 된장국(soy bean soup).

미소쓰케(味噌漬 미쟁지 ; みそづけ) 된장절임. 재료를 된장에 조미하여 절이는 것. 어류와 육류는 된장구이로, 채소는 절임요리로 사용.

미쓰바(三葉 삼엽 ; みつば) 셋잎.

미즈(水 수 ; みず) 물(water). 수소(H)와 산소(O)의 화합물.

미즈가라시(水芥子 수개자 ; みずがらし) 겨자분을 물에 풀어 갠 것.

미즈가시(水菓子 수과자 ; みずがし) 과일. = 구다모노(果物). =가지쓰루이(果実類).

미즈가이(水貝 수패 ; みずがい) 여름철 전복회 요리.

미즈다키(水炊 수취 ; みずだき) 닭냄비요리.

미즈사이바이(水栽培 수재배 ; みずさいばい) 수경재배.

미즈아메(水飴 수이 ; みずあめ) 물엿. 조청. 조미엿.

미즈제리(水芹 수근 ; みずぜり) 물미나리.

미진기리(微塵切 미진절 ; みじんぎり) 재료를 잘게 다지듯 써는 것.

미진코(微塵粉 미진분 ; みじんこ) 찹쌀미숫가루. 쪄서 말린 찹쌀을 분쇄한 것으로, 화과자의 원료로 사용.

미진코아게(微塵粉揚 미진분양 ; みじんこあげ) 가와리아게(変り揚げ) 중 하나로, 튀김재료에 미진코를 묻혀서 튀기는 것.

ㅂ

바니쿠(馬肉 마육 ; ばにく) 말고기. = 사쿠라니쿠(桜肉).

바라니쿠(腹肉 복육 ; ばらにく) 삼겹살.

바라즈시(腹鮨 복지 ; ばらずし) 일본식 회덮밥. = 치라시즈시(散し鮨).

바쇼카지키(芭蕉梶木 파초미목 ; ばしょうかじき) 돛새치(sailfish).

바시라(柱 주 ; ばしら) 조개관자. 가이바시라(貝柱)의 약어.

바이니쿠(梅肉 매육 ; ばいにく) 바이니쿠. 매화열매의 과육을 우라고시(裏漉)하여 설탕 등으로 조미하고, 시소(紫蘇)잎으로 색을 낸 것. 주먹밥, 죽 등에 뿌리거나 넣어서 사용.

바이카다마고(梅花卵 매화란 ; ばいかたまご) 메추리알을 삶아 매화 꽃모양으로 만든 것. 아시라이로 사용.

바카가이(馬鹿貝 마록패 ; ばかがい) 개랑조개. = 아오야기(青柳).

바쿠슈(麦酒 맥주 ; ばくしゅ) 맥주. = ビール.

반차(番茶 번차 ; ばんちゃ) 센차(煎茶)의 일종으로 잎을 따낸 뒤에 줄기를 따서 만든 차. 나중에 나온 차라는 의미로 만차(晩茶)라고도 하며, 어린잎으로 만든 것보다는 맛이 떨어짐.

밧테라(バッテラ) 고등어 초밥(포 bateria).

밧토(バット) 사각용기(vat).

베니쇼가(紅生姜 홍생강 ; べにしょうが) 초생강. 생강의 뿌리부분을 초절임한 것.

베니자케(紅鮭 홍해 ; べにざけ) 홍송어. 연어과의 물고기로 베니마스(紅鱒)라고도 한다. 체색이나 육색이 연어나 송어보다도 붉은색이 강하며, 대부분 통조림이나 훈제품으로 사용.

베라(遍羅 편라 ; べら) 놀래기(wrasse).

베이카(米菓 미과 ; べいか) 미과. 쌀로 만든 과자.

벤토(弁当 변당 ; べんとう) 도시락.

벳타라즈케(べったら漬) 누룩에 절인 무. 벳타라(べったら)라고도 함.

보다라(棒鱈 봉설 ; ぼうだら) 건대구포. = 히다라(干鱈).

보라(鯔 류 ; ぼら) 숭어(common mullet).

부도(葡萄 포도 ; ぶどう) 포도(grape).

부도마메(葡萄豆 포도두 ; ぶどうまめ) 검정콩을 달게 조린 콩 조림요리.

부도슈(葡萄酒 포도주 ; ぶどうしゅ) 포도주(wine). 포도과즙을 발효시켜 만든 술로서, 음료와 조리첨가 재료로 사용.

부도슈니(葡萄酒煮 포도주자 ; ぶどうしゅに) 포도주를 사용하여 색과 향을 살린 조림요리.

부리(鰤 사 ; ぶり) 방어(yellowtail). 전갱이과의 바닷물고기로, 성장하는 동안 이름이 변한다. 관동에서는 어릴 때를 와카시, 와카나고, 중간 정도 성장한 것을 이나다, 와라사, 그리고 성어를 부리라고 부르며, 크기는 약 1m에 이른다. 관서에서는 쓰바스, 와카나, 하마치, 메지로, 부리라고 부름.

부타니쿠(豚肉 돈육 ; ぶたにく) 돼지고기. 돈육(pork).

비루(ビール) 맥주(beer). 맥아, 호프, 물을 원료로 하여 발효시킨 알코올음료. = 바쿠슈(麦酒).

비와(枇杷 비파 ; びわ) 비파나무(loquat).

비타민(ビタミン) 비타민(vitamin). 체내에서 합성이 되지 못하므로, 반드시 음식으로 섭취하여 인체에 공급해야 하는 필수영양소.

빈나가(鬢長 빈장 ; びんなが) 날개다랑어(albacore).

빈즈메(瓶詰 병힐 ; びんづめ) 병조림.

ㅅ

사나기(蛹 용 ; さなぎ) 번데기.

사라(皿 혈 ; さら) 접시.

사라다아부라(サラダ油 ; さらだあぶら) 샐러드기름(salad oil). 순도가 높은 식물성 식용유.

사라시네기(晒葱 쇄총 ; さらしねぎ) 칼로 썬 파를 물에 씻어서, 매운맛이나 이취 등을 제거한 것. 주로 야쿠미에 사용.

사메(鮫 교 ; さめ) 상어(shark).

사바(鯖 청 ; さば) 고등어(mackerel).

사바부시(鯖節 청절 ; さばぶし) 고등어부시.

사바즈시(鯖鮨 청지 ; さばずし) 고등어초밥.

사바쿠(捌く 팔 ; さばく) 닭고기 등의 손질 시, 뼈에서 살을 발라내는 작업. = 오로스(卸す).

사비(さび) 고추냉이. 초밥집의 은어.

사사(笹 세 ; ささ) ① 대나무잎. ② 음식을 싸서 대나무잎의 향을 음식에 담아낸 것.

사사가키(笹抉, 笹掻 세결, 세소 ; ささがき) 우엉 등의 채소를 대나무잎 모양으로 깎는 것으로, 사사가키기리(笹掻切)의 준말.

사사라(簓 ; ささら) 조리용 대나무솔.

사사마키즈시(笹巻鮨 세권지 ; ささまきずし) 대나무잎 초밥.

사사미(笹身 세신 ; ささみ) 닭고기의 안심 부위.

사시미(刺身 자신 ; さしみ) 생선회. = 오쓰쿠리(お作, 造).

사시미가유(刺身粥 자신죽 ; さしみがゆ) 회죽. 죽 속에 흰살 생선회와 간장을 넣어 먹는 요리.

사시미보초(刺身包丁 자신포정 ; さしみぼうちょう) 생선회용 칼.

사야엔도(莢豌豆 협완두 ; さやえんどう) 청대콩(podded peas). 꼬투리째 먹는 완두콩.

사야인겐(莢隠元 협은원 ; さやいんげん) 강낭콩(kidney beans).

사와가니(沢蟹 택해 ; さわがに) 민물 게 종류의 하나.

사와라(鰆 춘 ; さわら) 삼치(spanish mackerel).

사요리(針魚, 細魚 침어, 세어 ; さより) 공미리. 침어. 학꽁치(halfbeak).

사이노메기리(賽の目切り 새목절 ; さいのめぎり) 재료를 1cm 정도의 정육면체 주사위 모양으로 써는 것으로 기본썰기 방법 중 하나.

사이바시(菜箸 채저 ; さいばし) 조리한 음식을 그릇에 담을 때 사용하는 젓가락.

사이세슈(再製酒 재제주 ; さいせいしゅ) 재제주. 혼성주. 발효주나 증류주에 색소나 향료 등을 넣어 제조한 술.

사이싱(菜心 채심 ; さいしん) 유채줄기.

사이쿄미소(西京味噌 서경미쟁 ; さいきょうみそ) 서경된장. 쌀을 원료로 하여 만든 흰된장(白味噌)으로, 사이쿄 지방이 주산지.

사이쿄야키(西京焼き 서경소 ; さいきょうやき) 된장구이. 생선을 양념한 된장에 절였다가 굽는 생선구이요리.

사이쿄즈케(西京漬 서경지 ; さいきょうづけ)　된장절임(味噌漬).

사이쿠다마고(細工卵 세공란 ; さいくたまご)　세공달걀. 삶은 달걀이나 메추리알을 이용하여 세공조작을 통해 모양을 낸 것.

사이쿠즈시(細工鮨 세공지 ; さいくずし)　세공초밥. 여러 가지 재료를 사용하여 갖가지의 모양과 색을 내고 장식하여 만든 초밥요리.

사이쿠즈쿠리(細工造 세공조 ; さいくづくり)　세공회. 생선회를 썰어서 꽃이나 잎사귀 모양으로 만들어 모양을 낸 것.

사이쿠카마보코(細工蒲鉾 세경포모 ; さいくかまぼこ)　세공어묵. 어묵을 세공하여 잘라 모양을 낸 것.

사자에(栄螺 영라 ; さざえ)　소라(top shell).

사자에노쓰보야키(栄螺の壷焼 영라호소 ; さざえのつぼやき)　소라껍질구이.

사지(匙 시 ; さじ)　숟가락.

사쓰마이모(薩摩芋 살마우 ; さつまいも)　고구마(sweet potato).

사카나(魚 어 ; さかな)　생선(fish). 어류의 총칭. 우오(魚)라고도 읽음.

사카나(肴 효 ; さかな)　안주요리. 술을 마실 때 먹는 음식.

사카무시(酒蒸し 증자 ; さかむし)　술찜. 청주를 이용한 찜요리.

사카시오(酒塩 주염 ; さかしお)　조미술. 술에 향과 소금을 섞은 조미용 술.

사케(酒 주 ; さけ)　① 술의 총칭, ② 청주. 니혼슈(日本酒)라고도 함.

사케(鮭 해 ; さけ)　연어(salmon).

사케즈시(鮭鮨 해지 ; さけずし)　연어초밥. 대나무 잎 위에 초밥을 깔고, 연어를 얇게 썰어 무, 당근과 함께 올려놓은 다음 꼭 눌러 한 달 정도 두었다가 먹는 것.

사케차쓰케(珪茶漬 규차지 ; さけちゃづけ)　연어차밥.

사케카스(酒粕, 酒糟 주박, 주조 ; さけかす)　술찌꺼기. 술지게미. 술을 만들고 남은 주박으로서, 나라즈케(奈良漬)의 원료로 사용.

사쿠라(桜 앵 ; さくら)　① 벚나무(cherry). 벚꽃, ② 말고기(馬肉).

사쿠라나베(桜鍋 앵과 ; さくらなべ)　말고기를 이용한 냄비요리.

사쿠라니(桜煮 앵자 ; さくらに)　문어나 낙지를 벚꽃색이 나도록 조린 음식.

사쿠라니쿠(桜肉 앵육 ; さくらにく)　말고기. 말고기회.

사쿠라메시(桜飯 앵반 ; さくらめし)　간장과 술을 넣어 지은 쌀밥.

사쿠라모치(桜餅 앵병 ; さくらもち)　밀가루 반죽에 팥을 넣고 벚나무 잎으로 싸서 찐 음식.

사쿠라무시(桜蒸 앵증 ; さくらむし)　재료를 벚나무 잎으로 싸거나 색을 냄 또는 얹어서 쪄낸 요리.

사쿠라미소(桜味噌 앵미쟁 ; さくらみそ) 나메미소(嘗味噌)의 일종. 된장에 우엉, 생강, 설탕을 넣어 단맛이 강하게 만든 것.

사쿠라즈케(桜漬 앵지 ; さくらづけ) 벚꽃을 소금에 절인 것.

사쿠란보(桜桃 앵도 ; さくらんぼう) 벚나무 열매(cherry).

사쿠산(酢酸 초산 ; さくさん) 초산(acetic acid).

사토(砂糖 사당 ; さとう) 설탕(sugar).

사토이모(里芋 리우 ; さといも) 토란(dasheen).

사후란(泊夫藍 계부람 ; サプラン) 사프란(saffron).

산마(秋刀魚 추도어 ; さんま) 꽁치(saury).

산마이니쿠(三枚肉 삼매육 ; さんまいにく) 삼겹살. = 바라니쿠(ばら肉).

산마이오로시(三枚卸 삼매사 ; さんまいおろし) 세장 뜨기.

산바이즈(三杯酢 삼배초 ; さんばいず) 삼배초. 식초와 간장, 설탕, 미림 등을 넣어 만든 새콤달콤한 혼합초.

산쇼(山椒 산초 ; さんしょう) 산초나무(japanese pepper).

산쇼야키(山椒焼 산초소 ; さんしょうやき) 산초구이. 생선이나 수조육류의 테리야키(照り焼)에 산초가루를 뿌려낸 요리.

산친미(三珍味 삼진미 ; さんちんみ) 삼진미. 일본요리의 삼대진미(三大珍味). 나가사키(長崎)의 가라스미(숭어알 염건품), 에치고(越後)의 우니(성게알젓), 미가와(三河)의 고노와다(해삼창젓).

삿파(魚制 제 ; さっぱ) 밴댕이(shads).

샤리(舎利 사리 ; しゃり) ① 사리, ② 초밥집의 은어로, 초밥요리에 들어가는 초밥.

샤부샤부(しゃぶしゃぶ) 샤브샤브(shabu shabu).

샤코(蝦蛄 하점 ; しゃこ) 갯가재(squilla).

샤쿠시(杓子 표자 ; しゃくし) 주걱.

세고시(背越 배월 ; せごし) 작은 생선을 손질하여 통째로 잘게 썰어낸 생선회요리. 생선에 따라서 얼음물이나 식초에 씻어서 사용.

세리(芹 근 ; せり) 미나리(water dropwort).

세미쿠지라(背美鯨 배미경 ; せみくじら) 참고래(right whale).

세비라키(背開 배개 ; せびらき) 생선의 등에 칼을 넣어 갈라 뱃살을 자르지 않고 펼쳐 놓는 생선손질법.

세아부라(背脂 비계 ; せあぶら) 돈육비계. 돈육 외부에 붙어 있는 지질 부위.

세와타(背腸 배장 ; せわた) 새우 등 쪽에 있는 긴 내장.

세이고(鯖 보 ; せいご)　농어새끼. 20cm 정도 크기의 농어 명칭.

세이로(蒸籠 증롱 ; せいろう)　찜통. 찜기. 나무로 만든 찜통으로 세이로(蒸籠)라고도 함.

세이쇼쿠(生食 생식 ; せいしょく)　생식. 식품을 비가열처리하여 섭취하는 것.

세이슈(清酒 청주 ; せいしゅ)　술. 청주. 쌀과 누룩으로 빚은 일본 전통의 술. = 니혼슈(日本酒).

세이조야사이(清浄野菜 청정채소 ; せいじょうやさい)　청정채소.

세이하쿠마이(精白米 정백미 ; せいはくまい)　백미. 도정을 거친 백미.

센구미(膳組 선조 ; せんぐみ)　요리의 형식이 조합된 양식.

센기리(千切り 천절 ; せんぎり)　채썰기(julienne).

센롯폰(千六本 천육본 ; せんろっぽん)　성냥개비 정도의 채썰기.

센마이(洗米 세미 ; せんまい)　세미. 밥을 짓기 위한 작업 중, 이물질 제거 및 수분흡수를 위해 물로 쌀을 세척하는 것.

센마이(千枚 천매 ; せんまい)　소의 세 번째 위.

센마이키(洗米機 세미기 ; せんまいき)　세미기. 쌀을 씻는 기계.

센베이(煎餅 전병 ; せんべい)　쌀이나 밀가루를 반죽하여 금형을 이용하여 구운 과자.

센본아게(千本揚げ 천봉양 ; せんぼんあげ)　재료에 난백을 묻혀, 소바나 소면을 1cm 정도로 잘라 튀김옷으로 하여 튀겨낸 튀김요리.

센이소(繊維素 섬유소 ; せんいそ)　섬유소(cellulose). 식물세포막의 주성분으로 위장에서 소화되지 않으나, 정장작용이 있어 변통을 용이하게 하는 기능이 있다. 채소에 다량 함유되어 있고, 식품의 가공원료로 사용되며, 곤약이 그 대표적인 식품.

센차(煎茶 전다 ; せんちゃ)　녹차(green tea). 어린 찻잎을 따서 열풍건조시킨 것으로 뜨거운 물로 우려내어 사용.

소기기리(削切 삭절 ; そぎぎり)　칼의 우측면을 이용하여 재료를 비스듬히 각도를 주어 자르는 것.

소다가쓰오(惣太鰹 종태견 ; そうだかつお)　물치다랑어(bullet tuna).

소데기리(袖切り 수절 ; そでぎり)　이로가미기리(色紙切り)한 것을 약간 사선으로 자른 것.

소라마메(蚕豆 잠두 ; そらまめ)　잠두콩(broad beans).

소메오로시(染卸 염사 ; そめおろし)　무즙에 간장과 부순 김 등으로 색과 맛을 낸 것으로 생선구이에 곁들임으로 사용.

소멘(素麺 소면 ; そうめん)　소면. 실국수. 밀가루로 만든 가느다란 건면의 일종. 가락국수.

소바(僑麦 교맥 ; そば) 메밀. 메밀국수(buckwheat noodle).

소바가키(僑麦搔き 교맥소 ; そばがき) 일본식 메밀수제비.

소바다시(僑麦出汁 교맥출즙 ; そばだし) 메밀국물. 메밀국수에 곁들이는 국물. = 소바쓰유(僑麦汁).

소바무시(僑麦蒸 교맥증 ; そばむし) 메밀찜. = 신슈무시(信州蒸し).

소바유(僑麦湯 교맥탕 ; そばゆ) 메밀국수를 삶아낸 물.

소바즈시(僑麦鮨 교맥지 ; そばずし) 메밀초밥. 메밀로 만든 김초밥.

소바코(僑麦粉 교맥분 ; そばこ) 메밀가루(buckwheat flour). 메밀 종자를 탈곡하여 제분한 것.

소바키리(蕎麦切り 교맥절 ; そばきり) 메밀국수의 옛날 명칭.

소보로(そぼろ) 소보로. 닭고기, 새우, 생선살 등을 삶아서 말리며, 간을 하여 부셔 놓은 것. 오보로(朧)라고도 함.

소사이(蔬菜 소채 ; そさい) 채소. = 야사이(野菜).

소에구시(添串 첨관 ; そえぐし) 보조꼬치. 꼬치구이 시 모양의 안정을 위해 사용하는 보조꼬챙이.

소에모노(添物 첨물 ; そえもの) 곁들임. 소에(添)라고도 함. = 아시라이(garnish)

소우교(草魚 초어 ; そうぎょ) 초어(grass carp). 잉어과의 중국산 민물고기.

소우하치(宗八 종팔 ; そうはち) 가자미의 일종. 시로가레이(白鰈)라고도 불리며, 생식보다는 어묵 등의 연제품 가공재료로 사용.

소이(曹以 조이 ; そい) 볼락(rockfish).

소자이(総菜 총채 ; そうざい) 부식. 식사의 반찬.

소쿠세이모노(促成物 촉성물 ; そくせいもの) 비닐하우스나 온실에서 재배한 과실이나 채소류.

소쿠세키다시(即席出汁 즉석출즙 ; そくせきだし) 즉석 다시. 일본식 다시다. 다시노모토(出汁の元). 스프노모토(スープの元) 등이 시판.

소테츠(蘇鉄 소철 ; そてつ) 소철(sago palm).

소토비키(外引 외인 ; そとびき) 생선의 껍질을 벗기는 가장 일반적인 방법. 오른쪽에 칼을 잡고 왼손으로 생선 끝의 껍질을 잡은 다음, 칼로 껍질을 바닥으로 누르면서, 양손을 바깥방향으로 당기면서 껍질을 벗겨내는 것.

쇼가(生姜, 生薑 생강 ; しょうが) 생강(ginger).

쇼가쓰료리(正月料理 정월요리 ; しょうがつりょうり) 정월요리. 정초에 먹는 요리. = 오세치료우리(お節料理).

쇼유(醬油 장유 ; しょうゆ) 간장(soy sauce).

- **고이쿠치쇼유**(濃口醬油 ; こいくちしょうゆ) 보통 간장. 색이 진한 간장. 진간장.
- **다마리쇼유**(溜り醬油 ; たまりしょうゆ) 색이 아주 진한 간장.
- **사이시코미쇼유**(再仕込醬油 ; さいしこみしょうゆ) 소금 대신 간장을 이용하여 만든 간장.
- **시라쇼유**(白醬油 ; しらしょうゆ) 흰 간장.
- **우수쿠치쇼유**(薄口醬油 ; うすくちしょうゆ) 연간장. 색이 연한 간장. 국간장.

쇼진료리(精進料理 정진요리 ; しょうじんりょうり) 정진요리. 일본의 사찰요리로, 불교의 사상에 영향을 받아 채소 및 채소의 건조품만 사용한 요리.

쇼쿠니쿠(食肉 식육 ; しょくにく) 식육(meat).

쇼쿠다쿠(食卓 식탁 ; しょくたく) 식탁. 식사를 하기 위한 밥상.

쇼쿠베니(食紅 식홍 ; しょくべに) 식홍. 적색 식용색소.

쇼쿠엔(食塩 식염 ; しょくえん) 식염(salt). 소금. 식염이 되는 시오(塩).

쇼쿠지(食事 식사 ; しょくじ) 식사(meal).

쇼쿠지료호(食事療法 식사요법 ; しょくじりょうほう) 식이요법(dietetic therapy).

쇼쿠추도쿠(食中毒 식중독 ; しょくちゅうどく) 식중독(food poisoning).

쇼쿠힌에이세(食品衛生 식품위생 ; しょくひんえいせい) 식품위생(food sanitation).

슈토(酒盗 주도 ; しゅとう) 다랑어 젓갈. 다랑어의 내장을 소금에 절여서 만든 시오카라(塩辛).

슌(旬 순 ; しゅん) 제철. 생선이나 채소, 과실 등이 가장 맛이 좋은 시기 또는 계절.

슌기쿠(春菊 춘국 ; しゅんぎく) 쑥갓(garland chrysanthemum).

스(酢 초 ; す) 식초(vinegar). 초산을 주성분으로 하는 조미료로서, 양조초와 합성초로 대별됨.

스가키(酢牡蠣 초모려 ; すがき) 굴 초회.

스가타(姿 자 ; すがた) 모습. 모양. 형태. 새나 어패류 등이 살아 있을 때의 생긴 모양 그대로 조리한 것. 초밥, 회, 구이, 튀김 등.

스가타모리(姿盛 자성 ; すがたもり) 생선을 내장을 제거하고 손질하여 회나 튀김, 구이 등으로 조리하여 재료 원형대로 담아내는 것. 후나모리(舟盛)라고도 함.

스가타야키(姿焼 자소 ; すがたやき) 생선을 구울 때 꼬치를 꽂아 구워서 마치 생선이 헤엄치는 모습이나 움직이는 듯한 원형대로 익혀서 담아내는 것.

스가타즈시(姿鮨 자지 ; すがたずし) 생선을 내장만 제거하고 소금과 초로 절여, 초밥을 뱃속에 넣어 만든 초밥.

스나기모(砂肝 사간 ; すなぎも) 닭의 모래주머니(gizzard).

스네(脛 경 ; すね) 다리(shank). 정강이. 사골.

스노모노(酢の物 초물 ; すのもの) 초회.

스니(酢煮 초자 ; すに) 초조림. 식초를 넣어 조린 것. = 스타키(酢焚き).

스다레(簾 렴 ; すだれ) 김발. 김밥 등을 말아내는 데 사용하는 대나무로 만든 기구. = 마키스(巻簾).

스다치(酢橘, 酸橘 초귤, 산귤 ; すだち) 스다치. 초귤. 가을에 나는 작은 향산성 녹색 감귤. 송이, 복요리에 사용. 영귤이라고도 함.

스도리쇼가(酢取生薑 초취생강 ; すどりしょうが) 생강초절임. 생강의 뿌리나 줄기를 아마스(甘酢)에 담가 절인 것.

스루메(鯣 ; するめ) 말린 오징어. 오징어를 손질하여 내장 등을 제거하고 건조한 것.

스루메이카(鯣烏賊 오적 ; するめいか) 물오징어. 오징어(common squid).

스리미(擂身 뢰신 ; すりみ) 으깬 어육.

스리바치(擂鉢 뢰발 ; すりばち) 일본식 절구. 흙으로 구워 만든 내부의 빗살무늬 절구로, 스리보(擂り棒)라는 막대봉과 세트.

스리코기(擂粉木 뢰분목 ; すりこぎ) 일본식 절구봉. = 스리보(擂り棒).

스마시지루(澄汁 징즙 ; すましじる) 맑은국. = 스이모노(吸い物).

스마시코(澄し粉 징분 ; すましこ) 두부 제조 시에 쓰이는 응고제.

스미(炭 탄 ; すみ) 목탄. 숯.

스미소(酢味噌 초미쟁 ; すみそ) 초된장.

스보시(素干 소간 ; すぼし) 소금으로 간을 하지 않고 그대로 말린 식품. 김이나 생선 등.

스부타(酢豚 초돈 ; すぶた) 중국식 돈육요리. 튀긴 돈육에 양파, 피망, 당근 등의 채소를 아마스앙(甘酢餡)으로 무쳐낸 요리.

스쓰케(酢漬 초지 ; すづけ) 초절임. 재료를 식초 또는 혼합초에 담가 맛을 낸 요리.

스시(鮨, 寿司, 鮓 지, 수사, 자 ; すし) 초밥. 생선초밥.

스시기리보초(鮨切り包丁 지절포정 ; すしぎりぼうちょう) 초밥 자르는 용도의 칼.

스시다네(鮨種 지종 ; すしだね) 초밥요리에 사용되는 생선이나 채소 등의 주재료. = 다네(種). 네타(種).

스시메시(鮨飯 지반 ; すしめし) 초밥. 스시스(鮨酢)를 이용하여 만든 조미된 밥. = 샤리(舎利).

스시야(鮨屋 지옥 ; すしや) 초밥집. 초밥식당. 초밥 전문점.

스시오케(鮨桶 지통 ; すしおけ) 초밥용기. 초밥요리를 담아내는 전용용기로, 높이가 낮고 넓은 칠기그릇.

스시와쿠(鮨枠 지화 ; すしわく) 초밥틀. 오시스시(押し鮨-눌림초밥, 상자초밥)를 만들기 위해 사용하는 눌림틀.

스시즈(鮨酢 지초 ; すしず) 초밥초. 초밥을 비빌 때, 밥에 넣어 사용하기 위해 만든 혼합초. 촛물.

스아게(素揚 소양 ; すあげ) 재료에 튀김옷을 묻히거나 입히지 않고 그대로 튀겨낸 튀김요리.

스아라이(酢洗 ; すあらい) 재료를 식초나 식초를 희석한 물에 담가, 이취(異臭)나 이미(異味)를 제거하는 것.

스아에(酢和 ; すあえ) 초무침. 재료에 식초 또는 혼합초를 넣어 새콤달콤하게 무쳐낸 요리.

스에히로기리(末広切り 말광절 ; すえひろぎり) 채소를 부채처럼 점차로 끝이 퍼져가도록 자른 것.

스이모노(吸物 흡물 ; すいもの) 맑은국. = 스마시지루(清汁). 오스마시(御澄まし).

스이분(水分 수분 ; すいぶん) 수분(moisture).

스이아지(吸味 흡미 ; すいあじ) 맑은국과 같은 정도로 약하게 간이 된 국물.

스이지(吸地 흡지 ; すいじ) 싱겁게 간을 한 맑은국의 국물. 스이다시(吸出し)라고도 함.

스이카(西瓜 서과 ; すいか) 수박(watermelon).

스이쿠치(吸口 흡구 ; すいくち) 맑은국에 향을 내주는 재료. 기노메, 파, 차조기, 유자, 생강 등.

스이톤(水団 수단 ; すいとん) 일본식 수제비.

스이한키(炊飯器 취반기 ; すいはんき) 취반기(rice cooker). 밥을 짓는 기구.

스즈메(雀 작 ; すずめ) 참새(sparrow).

스즈메다이(雀鯛 작조 ; すずめだい) 자리돔(damselfish).

스즈메야키(雀焼 작소 ; すずめやき) ① 참새구이, ② 붕어꼬치구이.

스즈메즈시(雀鮨 작지 ; すずめずし) 작은 도미를 이용하여 만든 초밥. 참새모양을 하기도 함.

스즈산쇼(鈴山椒 령산초 ; すずさんしょう) 산초열매 가지.

스즈키(鱸 로 ; すずき) 농어(sea bass).

스지(筋 근 ; すじ) ① 동물의 힘줄이나 근육의 막, ② 삶은 어묵.

스지코(筋子 근자 ; すじこ) 연어나 숭어의 알을 난소막으로 싸서 말려 가공한 염건품.

스케(助 조 ; すけ) 주방일이 바쁠 때 도와주는 보조 또는 대리조리사. 마와시. 헬퍼(helper).

스케토다라(介党鱈 개당설 ; すけとうだら) 명태(pollack).

스키야키(鋤焼 서소 ; すきやき) 스키야키. 전골냄비. = 우시나베(牛鍋).

스키야키나베(鋤焼鍋 서소과 ; すきやきなべ) 스키야키용 냄비.

슷폰(鼈 별 ; すっぽん) 자라(snapping turtle).

슷폰나베(鼈鍋 별과 ; すっぽんなべ) 자라냄비.

슷폰니(鼈煮 별자 ; すっぽんに) 자라조림. 자라를 볶아서 간장과 청주를 넣고 조린 요리.

슷폰지루(鼈汁 별즙 ; すっぽんじる) 자라국. 자라맑은국.

시기(鴫 전 ; しぎ) 도요새(woodcock).

시라(魚暑 ; しいら) 만새기(dorado).

시라니(白煮 백자 ; しらに) = 시로니(白煮). 하쿠니(白煮). 오징어, 백합근 등의 흰색 재료의 색을 그대로 살려낸 조림요리.

시라스보시(白子干 백자간 ; しらすぼし) 마른멸치.

시라아에(白和 백화 ; しらあえ) 두부를 우라고시(裏漉)한 것을 이용하여 만든 채소무침 요리. 주로 청색채소를 이용.

시라야키(白焼 백소 ; しらやき) 생선에 아무 양념도 하지 않고 그대로 굽는 것. = 시로야키(白焼).

시라우오(白魚 백어 ; しらうお) 뱅어(ice fish).

시라카유(白粥 백죽 ; しらかゆ) 흰죽. 쌀에 물만 부어서 쑨 죽.

시라코(白子 백자 ; しらこ) 생선의 정소. 이리(milt).

시라타키(白滝 백롱 ; しらたき) 실곤약. = 이토콘냐쿠(糸蒟蒻).

시로미(白身 백신 ; しろみ) ① 흰살 생선. ② 난백(卵白).

시로미소(白味噌 백미쟁 ; しろみそ) 백된장. 흰콩과 쌀로 쑨 메주로 담근 된장.

시로쇼유(白醬油 백장유 ; しろしょうゆ) 백간장. 밀가루를 주원료로 하여 만들어낸 맑은 간장.

시로우오(素魚 소어 ; しろうお) 사백어(ice goby).

시로즈(白酢 백초 ; しろず) 쌀로 만든 식초.

시루(汁 즙 ; しる) 국 또는 국물이 있는 음식물.

시루모노(汁物 즙물 ; しるもの) 국. 국물이 있는 요리.

시루코(汁粉 즙분 ; しるこ) 단팥죽.

시마다이(縞鯛 호조 ; しまだい) 돌돔. = 이시다이(石鯛).

시메사바(締鯖 체청 ; しめさば) 오로시한 고등어를 소금에 절였다가 식초물에 담가 절여놓은 것.

시모후리(霜降 상강 ; しもふり) 상강. ① 재료를 뜨거운 물에 재빨리 데쳐 냉수에 담가 씻는 것. ② 육류의 육질 속의 지방분포도 또는 교잡도(marbling).

시모후리니쿠(霜降肉 상강육 ; しもふりにく) 마블링(marbling)이 좋은 고기. 일본 마쓰사카 지방에서 특수 사육한 마쓰사카니쿠(松阪肉)가 유명.

시바에비(芝鰕 지하 ; しばえび) 중하(shiba shrimp).

시부미(渋味 삽미 ; しぶみ) 떫은맛(astringent taste).

시샤모(柳葉魚 유엽어 ; ししゃも) 열빙어(capelin).

시소(紫蘇 자소 ; しそ) 차조기(perilla).

시쇼쿠(試食 시식 ; ししょく) 시식. 요리의 품질을 평가 또는 확인하기 위해 맛보는 것.

시오(塩 염 ; しお) 소금. 식염. 쇼쿠엔(食塩)이라고도 함.

시오보시(塩干 염간 ; しおぼし) 염건. 어패류를 소금에 절여 건조시켜 염건품을 만드는 것.

시오사바(塩鯖 염청 ; しおさば) 자반고등어. 고등어의 염장 또는 염건품.

시오야키(塩焼き 염소 ; しおやき) 소금구이. 생선 등의 재료에 소금을 뿌리거나 절여, 화장염으로 하여 굽는 것.

시오자케(塩鮭 염해 ; しおざけ) 연어의 염장품.

시오쓰케(塩漬 염지 ; しおづけ) 소금절임. 염지. 채소를 소금으로 절인 것으로, 채소절임을 만들기 위한 것과 저장용으로 구분.

시오지메(塩締 염체 ; しおじめ) 소금절임. 생선에 소금을 뿌려 삼투압에 의한 탈수로 살이 단단해지게 하는 것.

시오카라(塩辛 염신 ; しおから) 젓. 또는 젓갈.

시오콘부(塩昆布 염곤포 ; しおこんぶ) 다시마 가공품의 일종. 다시마를 조미액에 담가 건조시킨 것.

시자카나(強肴 강효 ; しいざかな) 술안주요리.

시지미(蜆 현 ; しじみ) 바지락. 가막조개.

시치멘초(七面鳥 칠면조 ; しちめんちょう) 칠면조(turkey).

시치미토가라시(七味唐辛子 칠미당신자 ; しちみとうがらし) 시치미. 고춧가루에 깨, 겨자씨, 유채씨, 삼씨(대마), 시소열매, 산초가루, 파래 등의 일곱 가지 재료를 섞어 만든 것. 가케우동이나 닭꼬치구이 등의 요리에 뿌려서 사용.

시코미(仕込 사입 ; しこみ) 주방에서 조리를 하기 위해 행하는, 모든 전처리 및 준비작업.

시타비라메(舌平目 설평목 ; したびらめ) 혀가자미(sole).

시타아지(下味 하미 ; したあじ)　밑간. 조리 전 생재료에 향신료나 조미료로 미리 양념해 놓는 것.

시타케(椎茸 추용 ; しいたけ)　표고버섯.

신누키(芯抜き 심발 ; しんぬき)　과일이나 오이, 가지 등 채소의 심을 빼내는 기구.

신코(新粉, 糝粉 신분, 산분 ; しんこ)　쌀가루.

신코(新香 신향 ; しんこ)　일본김치. 일본식 절임류의 총칭. 보통은 오신코(お新香)라고 함.

싯포쿠료리(卓袱料理 탁복요리 ; しっぽくりょうり)　일본화된 중국식 요리.

쓰나기(繋 계 ; つなぎ)　재료에 점성을 높이기 위하여 달걀이나 산마즙, 밀가루, 전분 등을 넣는 것.

쓰루시기리(吊切り 적절 ; つるしぎり)　생선을 매달아 놓고 오로시하는 것. 아귀를 손질할 때 사용되는 방법.

쓰마(妻 처 ; つま)　생선회나 국에 곁들이는 채소나 해조. 특히 생선회에 쓰이는 부재료.

쓰마미(摘 적 ; つまみ)　간단한 안주요리. = 오쓰미(お摘み), 쓰미모노(摘み物).

쓰메(詰 힐 ; つめ)　= 니쓰메(煮詰め).

쓰바키(椿 춘 ; つばき)　동백나무(camellia).

쓰보(坪 평 ; つぼ)　혼젠료리(本膳料理)에서 사용하는 식기. 주로 니모노를 담음.

쓰보누키(壷抜 호발 ; つぼぬき)　생선의 아감딱지에 칼이나 저분을 넣어 아가미와 내장을 빼내는 것.

쓰보야키(壷焼 호소 ; つぼやき)　소라의 껍질을 그릇으로 이용하여 조리하는 것.

쓰부(螺 라 ; つぶ)　고둥. 소라고둥(whelk).

쓰부우니(螺雲丹 라운단 ; つぶうに)　성게의 생식소로 만든 젓갈.

쓰쓰기리(筒切 통절 ; つつぎり)　썰기 방법 중의 하나로 생선을 통째로 써는 것.

쓰쓰미아게(包揚 포양 ; つつみあげ)　향미를 살리고 타지 않도록 재료를 은박지 등으로 싸서 튀긴 요리.

쓰쓰미야키(包焼 포소 ; つつみやき)　재료를 조미하여 은박지 등으로 싸서 구운 요리.

쓰유(液, 汁 액, 즙 ; つゆ)　맑은장국 또는 국물.

츠케모노(漬物 지물 ; つけもの)　채소절임(일본김치).

쓰케아게(付揚 부양 ; つけあげ)　어묵튀김. 사쓰마아게(薩摩揚)라고도 함.

쓰케야키(付焼 부소 ; つけやき)　다레를 발라가며 구운 요리. = 데리야키(照焼).

쓰케조유(付醤油 부장유 ; つけじょうゆ)　요리에 곁들이는 간장.

쓰쿠네(捏 날 ; つくね)　민치(mince)한 재료에 달걀을 넣어 반죽하여 단고(団子)로 만든 것.

아지(鯵 삼 ; あじ) 전갱이(jack).

아지쓰케(味付 미부 ; あじつけ) 조미(seasoning).

아차라즈케(阿茶羅漬 아차나지 ; アチャラづけ) 초절임방법 중 하나로, 고추를 첨가한 혼합초에 재료들을 담가 절인 것. 초연근 등.

아카가이(赤貝 적패 ; あかがい) 피조개(ark shell).

아카니(赤煮 적자 ; あかに) 조림요리 중 하나로, 청주와 미림, 다마리간장, 설탕으로 아주 진하게 익혀 조려내는 것.

아카다시(赤出汁 적출즙 ; あかだし) 적된장국(soybean soup).

아카미(赤身 적신 ; あかみ) ① 붉은색의 살코기, ② 참치의 붉은살.

아카미소(赤味噌 적미쟁 ; あかみそ) 적된장.

아카오로시(赤卸 적사 ; あかおろし) 빨간무즙. = 모미지오로시(紅葉卸).

아쿠(灰汁 회즙 ; あく) ① 재 또는 잿물, ② 식품을 삶을 때 나는 아린 맛이나 거품 등 불쾌취를 내는 모든 것.

아쿠누키(灰汁抜 회즙발 ; あくぬき) 조리 시 식품의 좋지 않은 맛이나 아쿠 또는 거품을 없애는 조작.

아타리고마(当胡麻 당호마 ; あたりごま) 참깨를 기계로 곱게 갈아서 만든 반가공식품으로, 깨를 사용한 소스나 요리에 첨가.

아테시오(当塩 당염 ; あてしお) 재료에 뿌리는 소금. 또는 재료에 소금을 뿌리는 것. 아테루(当てる)라고도 함.

안초비(アンチョビー) 안초비(anchovy). 지중해 근해에서 잡힌 멸치 또는 그 멸치로 만든 염장제품.

안코우(鮟鱇 안강 ; あんこう) 아귀(anglerfish).

앙(餡 함 ; あん) ① 물에 푼 녹말. 또는 이것을 사용한 요리, ② 두류를 삶아 설탕을 넣고 굳히면서 조린 것.

앙카케(餡掛 함괘 ; あんかけ) 전분가루를 물에 푼 것을 넣어, 국물에 점성이 있도록 농도를 첨가한 요리.

야가라(矢柄 시병 ; やがら) 홍대치(cornet fish).

야기(山羊 산양 ; やぎ) 염소(goat) 또는 염소육.

야나기바(柳刃 류인 ; やなぎば) 끝이 뾰족한 생선회용 칼(관서형).

야리이카(槍烏賊 창오적 ; やりいか) 한치오징어(arrow squid). 창오징어.

야마메(山女 산녀 ; やまめ) 담수에서 자란 송어. 산천어.

야마이모(山芋 산우 ; やまいも) 산마(yam). = 야마노이모(山の芋).

야마카케(山掛 산괘 ; やまかけ) 음식 위에 산마즙을 뿌려낸 요리. 야마이모카케(山芋掛)의 준말로서 참치의 야마카케가 대표적.

야바네렌콘(矢羽根蓮根 시우근련근 ; やばねれんこん) 초절임한 연근을 살깃 모양으로 자른 것. 축제요리에 사용.

야사이(野菜 채소 ; やさい) 채소(vegetable).

야스리보(鑢棒 려봉 ; やすりぼう) 양도(洋刀)의 날을 가는 금속도구. = 도기보(研ぎ棒).

야시(椰子 야자 ; やし) 야자(palm).

야쓰메우나기(八目鰻 팔목만 ; やつめうなぎ) 칠성장어(lamprey).

야와라카니(柔煮 유자 ; やわらかに) 문어, 오징어 등의 건어물을 장시간 조려서 부드럽게 하는 것.

야칸(薬缶 약부 ; やかん) 주전자. 원래는 약용냄비였으나 지금은 물을 끓이는 용기로 전용.

야쿠미(薬味 약미 ; やくみ) 요리에 곁들이는 양념 또는 향신료.

야키고메(焼米 소미 ; やきごめ) 올벼를 볶아 절구로 찧어 왕겨를 벗긴 햅쌀 = 이리코메(炒り米).

야키구리(焼栗 소률 ; やきぐり) 군밤.

야키노리(焼海苔 소해태 ; やきのり) 구운 김. 맛김.

야키도후(焼豆腐 소두부 ; やきどうふ) 군두부. 냄비요리나 조림에 사용하기 위하여 직화로 구운 두부.

야키메(焼目 소목 ; やきめ) 재료를 구워서 표면에 탄 자국이 남은 것.

야키메시(焼飯 소반 ; やきめし) 볶음밥. = 차-항(チャーハン).

야키모노(焼物 소물 ; やきもの) 구이요리.

야키모치(焼餅 소병 ; やきもち) 구운 떡.

야키바(燒場 소장 ; やきば) 굽거나 태우는 곳. 원래는 소각의 의미가 있지만, 주방에서는 구이요리를 담당한 파트, 또는 어소기(魚燒機-salamander)를 지칭하는 말.

야키소바(焼蕎麦 소교맥 ; やきそば) 메밀볶음. = 차오미에누(チャオミエヌ).

야키시모(焼霜 소상 ; やきしも) 재료의 표면만을 강한 불에 구워 만드는 생선회 조리법.

야키시오(焼塩 소염 ; やきしお) 호로쿠(焙烙)에 넣었던 볶은 소금. 고순도의 식염.

야키아미(焼網 소망 ; やきあみ) 석쇠. 재료를 올려서 직화구이할 때 사용하는 조리도구.

야키이모(焼芋 소우 ; やきいも) 군고구마.

야키자카나(焼魚 소어 ; やきざかな) 생선구이.

야키토리(焼鳥 소조 ; やきとり) 닭꼬치구이.

야키하마구리(焼蛤 소합；やきはまぐり)　대합구이.

에고마(荏胡麻 임호마；えごま)　들깨(perilla).

에노키타케(榎茸 가용；えのきたけ)　팽이버섯.

에다마메(枝豆 기두；えだまめ)　풋콩(green soybeans).

에라(鰓 새；えら)　아가미(gill).

에비(海老, 蝦 해노, 하；えび)　새우(shrimp, prawn, lobster).

에이(鱝 분；えい)　가오리(ray, skate).

에이세(衛生 위생；えいせい)　위생(hygiene, sanitation).

에이요(栄養 영양；えいよう)　영양(nutrition).

에키벤(駅弁 역변；えきべん)　철도역에서 파는 도시락.

엔가와(縁側 연측；えんがわ)　① 툇마루. ② 광어의 지느러미살. ③ 전복 언저리살.

엔도(豌豆 완두；えんどう)　완두(peas).

엔페라(えんぺら)　오징어의 지느러미살.

오구라(小倉 소창；おぐら)　팥을 사용한 음식물 또는 과자.

오니기리(御握り 어악；おにぎり)　주먹밥.

오니스다레(鬼簾 귀렴；おにすだれ)　굵은 삼각형의 나무로 엮인 일종의 대발.

오뎅(御田 어전；おでん)　덴가쿠 또는 니코미덴가쿠(煮込み田楽)의 약어. 곤약, 무, 달걀, 생선어묵 등을 넣어 간을 해 끓여낸 냄비요리.

오도시(御通 어통；おとおし)　주안상에서 최초로 나오는 요리. 도시모노, 도시자카나, 쓰키다시, 젠사이, 하시와리, 하시쓰케, 사키쓰케 등으로도 부르며, 나중에 나올 요리보다 양이나 간을 가볍게 조리하여 낸다.

오도시부타(落蓋 락개；おとしぶた)　조림용 나무뚜껑. 냄비의 지름보다 작아 냄비 안으로 넣어 재료와 닿게 만들어 수분을 증발을 최소한으로 하면서, 재료에 간이 잘 배도록 장시간 조림이 가능하도록 고안된 것.

오로스(卸す, 下す 사, 하；おろす)　① 채소 등을 강판에 가는 것. ② 어류나 조류를 갈라 베는 것. 산마이오로시(三枚おろし), 고마이오로시(五枚おろし).

오로시(卸, 下 사, 하；おろし)　무즙. 다이콩오로시의 준말.

오로시가네(卸金, 下金 사금, 하금；おろしがね)　강판.

오로시니(卸煮 사자；おろしに)　무즙을 국물에 넣어 조리는 조림요리.

오마-루(オマール 仏-homard)　바닷가재(lobster). 집게가 큰 바닷가재로서, 이세에비(伊勢海老)와는 구별됨.

오모유(重湯 중탕；おもゆ)　미음.

오무기(大麦 대맥；おおむぎ) 대맥. 보리(barley).

오보로(朧 롱；おぼろ) 김초밥에 쓰이는 생선가루. 흰살생선을 삶아 짜서 간을 하여 색을 내서 볶은 것. 다른 여러 가지 요리에도 응용.

오사카즈시(大阪鮨 대판지；おおさかずし) 관서초밥. 오사카 중심으로 발전된 초밥. 오시즈시(押し鮨), 사바즈시(さば鮨), 무시즈시(蒸し鮨) 등.

오세치료리(御節料理 어절요리；おせちりょうり) 정월이나 명절 등에 쓰이는 특별요리. 약어로 오세치(お節)라고 함.

오시즈시(押し鮨 압지；おしずし) 틀에 놓고 눌러 썬 초밥. = 하코스시(箱鮨-상자초밥). 기리스시(切鮨).

오시타지(御下地 어하지；おしたじ) 간장(soy sauce). = 쇼유(醤油).

오야쓰(御八つ 어팔；おやつ) 간식.

오야코돈부리(親子丼 친자정；おやこどんぶり) 닭고기덮밥. = 오야코(親子).

오이카와(追河 추하；おいかわ) 피라미(pale chub).

오차쓰케(御茶漬け 어다지；おちゃづけ) 차밥.

오카라(おから) 비지. = 우노하나(卯の花).

오카즈(御数 어수；おかず) 반찬. 부식물.

오카친(御歌賃 어가임；おかちん) 떡.

오코노미야키(御好み焼 어호소；おこのみやき) 일본식 빈대떡.

오코시(お興し 흥；おこし) 일본 건과자의 일종으로, 찹쌀을 쪄서 말려 여러 재료와 물엿을 넣어 굳힌 것.

오코제(虎魚 호어；おこぜ) 쑤기미(devil stinger).

오쿠라(オクラ) 오크라(okra). 아욱과의 일년초로, 깍지는 수프로, 종자는 커피로 대용.

오키나마스(沖膾 충회；おきなます) 고기를 낚아 배에서 바로 먹는 회요리.

오키나와료리(沖縄料理 충승료리；おきなわりょうり) 오키나와의 향토요리. 본토와는 다른 형식을 가진 것으로 돼지고기, 두부, 소바 등이 대표적.

오키쓰다이(興津鯛 홍진조；おきつだい) 건옥돔. 옥돔의 염건품(塩乾品).

오토(桜桃 앵도；おうとう) 버찌(cherry). 벚나무의 열매.

오히쓰(御櫃 어궤；おひつ) 나무로 만든 밥통. 원형, 사각형 등이 있고 오하치(おはち)라고도 함.

오히타시(御浸し 어침；おひたし) 채소를 물에 데쳐 간장으로 간을 한 요리. = 히타시모노(浸物).

온도다마고(温度卵 온도란；おんどたまご) 온천란. 온천물의 온도인 70℃에서 30분 정

도 익히는 반숙 달걀요리. = 온센다마고(温泉卵).

와가시(和菓子 화과자 ; わがし) 화과자. 일본과자.

와기리(輪切 륜절 ; わぎり) 기본썰기 방법 중 하나로 둥근 모양의 재료를 길게 놓고 써는 것.

와라비(蕨 궐 ; わらび) 고사리(bracken).

와라비코(蕨粉 궐분 ; わらびこ) 고사리 전분.

와리바시(割箸 할저 ; わりばし) 일회용 나무젓가락.

와리쇼유(割醤油 할장유 ; わりしょうゆ) 묽은 간장. 간장을 다시로 희석한 것.

와리시타(割下 할하 ; わりした) 냄비요리에 사용하기 위하여 미리 간장, 설탕, 미림 등의 조미료로 간을 해 끓여놓은 국물. 와리시타지(割下地)의 준말.

와사비(山葵 산규 ; わさび) 고추냉이.

와쇼쿠(和食 화식 ; わしょく) 일본요리. 일본식의 식사.

와카메(若布 약포 ; わかめ) 미역(kelp).

와카사기(公魚 공어 ; わかさぎ) 빙어(smelt).

와케기(分葱 분총 ; わけぎ) 당파. 실파.

와타(腸 장 ; わた) 내장(창자).

와타리카니(渡蟹 도해 ; わたりがに) 꽃게. = 가자미(蝤蛑).

완(碗 완 ; わん) 식기. 밥이나 국을 담을 수 있는 자기그릇.

완(椀 완 ; わん) 음식물을 담는 그릇.

완다네(椀種 완종 ; わんだね) 맑은국의 주재료.

완모리(椀盛 완성 ; わんもり) 생선, 닭고기, 채소 등을 주재료로 하여 큰 그릇에 담아낸 국물요리. 맑은국 또는 된장국물을 주로 이용하며, 자완모리(茶碗盛)라고도 함.

완즈마(椀妻 완처 ; わんづま) 맑은국의 주재료에 곁들여지는 부재료.

요모기(蓬 봉 ; よもぎ) 쑥(mugwort).

요세나베(寄鍋 기과 ; よせなべ) 모듬냄비.

요세모노(奇物 기물 ; よせもの) 흰살생선을 스리미로 가공하여 만든 식품.

요시노(吉野 길야 ; よしの) 구즈코(葛粉-갈분)를 요리에 이용하는 것.

요지(楊枝 양지 ; ようじ) 이쑤시개.

요캉(羊羹 양갱 ; ようかん) 양갱. 팥으로 만든 화과자의 일종.

우구이(石斑魚 석반어 ; うぐい) 황어(dace).

우나기(鰻 만 ; うなぎ) 뱀장어. 민물장어(eel).

우나큐(鰻胡瓜 만호과 ; うなきゅう) 장어와 오이의 합성어로서 민물장어와 오이를 함께

조리한 요리를 칭함. 우나큐마키, 우나큐스노모노 등이 대표적.

우네리구시(畝串 무관 ; うねりぐし) 구이요리를 위하여 생선이 수영하는 모습대로 구부려 꼬챙이를 끼우는 것.

우노하나(卯の花 묘화 ; うのはな) 콩비지. = 오카라(おから).

우노하나즈시(卯の花鮨 묘화지 ; うのはなずし) 비지초밥.

우니(雲丹 운단 ; うに) 성게. 성게알젓(sea urchin).

우니쿠라게(雲丹水母 운단수모 ; うにくらげ) 해파리와 성게알젓을 조미하여 만든 무침요리. 전채요리에 이용.

우도(独活 독활 ; うど) 땅두릅.

우동(饂飩 온돈 ; うどん) 우동.

우라고시(裏漉 리록 ; うらごし) 체(strainer). 또는 식품을 체에 걸러 내리는 작업.

우로코(鱗 린 ; うろこ) 비늘(scale).

우루메이와시(潤目鰯 윤목약 ; うるめいわし) 눈퉁멸(big-eye sardine).

우루치마이(粳米 갱미 ; うるちまい) 멥쌀(nonglutinous rice). 쌀밥에 이용되는 보통의 쌀을 말하며, 찹쌀과 대별되어 붙여진 이름.

우리(瓜 과 ; うり) ① 호리병박(cucurbit). ② 참외, 오이, 수박 등 박과식물에 속하는 열매의 총칭.

우마니(旨煮 지자 ; うまに) 재료를 진한 맛과 윤이 나도록 간장과 설탕, 미림 등을 넣어 달게 바짝 조린 것.

우마미(旨味 지미 ; うまみ) 맛있는 맛. 지미.

우메(梅 매 ; うめ) 매화(Japanese apricot).

우메보시(梅干 매간 ; うめぼし) 매실지.

우바가이(姥貝 모패 ; うばがい) 함박조개(hen clam). 홋키가이(北寄貝)라고도 함.

우사기니쿠(兎肉 토육 ; うさぎにく) 토끼고기(rabbit).

우스바보초(薄刀包丁 박도포정 ; うすばぼうちょう) 채소전용 식칼.

우스시오(薄塩 박염 ; うすじお) 재료를 소금에 절일 때 소름을 엷게 뿌리거나 바르는 것.

우스이타(薄板 박판 ; うすいた) 종이처럼 얇게 가공한 나무판자. 손질한 어패류를 보관하는 데 사용.

우스즈쿠리(薄作, 薄造 박작, 박조 ; うすづくり) 흰살생선회. 도미, 광어, 복어 등의 흰살생선을 얇게 저며 썰어 만든 생선회.

우시니쿠(牛肉 우육 ; うしにく) 쇠고기(beef).

우시오지루(潮汁 조즙 ;うしおじる) 맑은국. 가쓰오부시다시를 사용하지 않고, 물에 신

이치반다시(一番出汁 일번출즙 ; いちばんだし) 일번다시.

이치지쿠(無花果 무화과 ; イチジク) 무화과나무(fig).

이카(烏賊 오적 ; いか) 오징어(cuttlefish).

이카나고(玉筋漁 옥근어 ; いかなご) 까나리(pacific sandlance).

이케즈쿠리(生作, 生造 생작, 생조 ; いけづくり) 활어생선회. 생선을 산 채로 내장만 제거하여, 생선 모양의 원형을 살려 만들어 담아낸 생선회요리. = 이키즈쿠리(生造), 스가타즈쿠리(姿作), 가쓰즈쿠리(活造).

이케지메(生締, 活締 생체, 활체 ; いけじめ) 생선의 선도를 유지하기 위해, 생선이 살아있을 때 인위적으로 머리에 생선 빗장을 찔러 출혈로 죽음에 이르게 하는 것.

이쿠라(イクラ) 연어알(salmon roe).

이타(板 판 ; いた) ① 생선묵. 어묵. ② 도마.

이타메모노(炒物 초물 ; いためもの) 볶음요리. 냄비나 철판에서 소량의 기름으로 재료를 볶아 맛을 내는 요리.

이토가키(糸掻 사소 ; いとがき) 가쓰오부시(鰹節)를 실처럼 가늘게 긁어 뽑아놓은 가공식품.

이토즈쿠리(糸作, 糸造 사작, 사조 ; いとづくり) 오징어, 보리멸 등의 생선회 재료를 가늘게 썬 것. 주로 무침에 사용.

이토콘냐쿠(糸蒟蒻 사구약 ; いとこんにゃく) 실곤약. 보통의 곤약을 압출 성형하여 라면 굵기의 실 모양으로 뽑아낸 것.

인겐마메(隠元豆 은원두 ; いんげんまめ) 강낭콩(kidney beans).

인쇼쿠텐(飲食店 음식점 ; いんしょくてん) 음식점. 식당.

잇핀료리(一品料理 일품요리 ; いっぴんりょうり) 일품요리(A la carte).

ㅈ

자(茶 다 ; ちゃ) 차(tea). 찻잎을 열풍건조시킨 것을 열수로 추출하여 낸 음료. 발효 여부에 따라 녹차(비발효), 홍차(발효), 우롱차(반발효) 등으로 분류.

자가시(茶果子 ; ちゃがし) 차와 같이 먹는 과자.

자가유(茶粥 다죽 ; ちゃがゆ) 차로 끓인 죽.

자가이모(馬鈴薯 마령서 ; じゃがいも) 감자(potato).

자노메(蛇の目 사목 ; じゃのめ) 오이의 씨 빼는 도구로 신누키(芯抜き)한 다음, 고구치기리(小口切)한 것.

자루(笊 조 ; ざる) 대소쿠리.

자루소바(笊蕎麦 조교맥 ; ざるそば) 메밀국수(buckwheat noodle).

자리가니(虫刺 점 ; ざりがに) 민물가재(crayfish).

자메시(茶飯 다반 ; ちゃめし) 차를 달인 물에 소금과 술로 간을 하여 지은 밥.

자바라(蛇腹 사복 ; じゃばら) 양면에 어슷하게 칼집을 잘고 깊게 넣고, 소금물에 절여 자바라처럼 늘어나도록 하는 것.

자부다이(卓袱台 탁복태 ; ちゃぶだい) 식사용 탁자, 즉 밥상 = 한다이(飯台 : 반태).

자센기리(茶筅切 다선절 ; ちゃせんぎり) 채소에 빗살무늬 모양으로 잔 칼집을 넣어, 차를 마시는 주전자 모양을 낸 것.

자센나스(茶筅茄子 차선가자 ; ちゃせんなす) 가지를 자센기리(茶筅切)한 것.

자소바(茶蕎麦 차교맥 ; ちゃそば) 건조한 찻잎가루를 섞어 만든 메밀국수.

자완(茶碗 다완 ; ちゃわん) 일본의 대표적인 식기로 밥, 국, 차 등을 담는 용도의 자기 그릇.

자완무시(茶碗蒸 다완증 ; ちゃわんむし) 달걀찜.

자즈케(茶漬 다지 ; ちゃづけ) = 오차쓰케(お茶漬).

자카고렌콘(蛇籠蓮根 사롱연근 ; じゃかごれんこん) 연근을 돌려깎기한 것.

자카이세키(茶懐石 차회석 ; ちゃかいせき) 차회석요리. 차를 마시기 위해 나오는 요리. = 가이세키료리(懐石料理).

자코(雑魚 잡어 ; ざこ) 잡어. 종유를 분류하기 어려운 작은 물고기들의 총칭. 자코(雑魚)라고도 함.

자코시(茶漉 다록 ; ちゃこし) 차를 거르는 동그란 망으로 된 도구.

자쿠로(石榴 석류 ; ざくろ) 석류나무(pomegranate).

자킨즈시(茶巾鮨 다건지 ; ちゃきんずし) 얇은 지단이나 생선으로 동그랗게 말아 싸낸 초밥.

잔코나베(ちゃんこ鍋 과) 씨름꾼들이 만들어 먹던 냄비요리.

잔퐁(ちゃんぽん) 짬뽕. 나카사키의 향토요리.

제라틴(ゼラチン) 젤라틴(gelatine). 동물성 단백질의 일종으로 동물의 가죽, 뼈, 근육 등의 결합조직인 콜라겐을 열탕 처리하여 얻을 수 있다. 냉각되면 겔화되어 응고되는 성질이 있어, 한천과 함께 조리나 제과 등에 널리 이용됨.

젠(膳 선 ; ぜん) 밥상. 식탁 또는 그 위에 놓인 요리.

젠고(ぜんご) 전갱이의 좌우측면 중앙에서 꼬리까지 일자로 붙은 비늘.

젠마이(薇 미 ; ぜんまい) 고비(royal fern).

젠사이(前菜 전채 ; ぜんさい) 전채(appetizer). 외국요리의 영향을 받아서 생긴 식전 전

채요리. 식욕을 돋우고 계절감을 살려주며, 하늘과 산과 물에서 나는 재료를 색깔별로 골고루 사용.

조고(漏斗 루두 ; じょうご) 깔때기. 액체를 병에 따르는 데 사용되는 용기. 로우토(漏斗)라고도 함.

조스이(雑炊 잡취 ; ぞうすい) 죽(gruel).

조우니(雑煮 잡자 ; ぞうに) 일본식 떡국. 정월에 만든 떡으로 만든 국.

조우리(調理 조리 ; ちょうり) 조리(cooking).

조우리바(調理場 조리장 ; ちょうりば) 주방(kitchen). 조리장.

조우리바케(調理刷毛 조리쇄모 ; ちょうりばけ) 조리용 붓.

조우리시(調理師 조리사 ; ちょうりし) 조리사(cook, chef).

조우리시호우(調理師法 ; ちょうりしほう) 조리사법. 일본에서 조리사에 관한 사항을 구체적으로 명시하여 국민 식생활의 향상을 목적으로 1958년에 제정된 법률.

조우모츠(臓物 장물 ; ぞうもつ) 식용으로 사용되는 각종 수조육류의 내장.

조우미(調味 조미 ; ちょうみ) 조미. = 아지쓰케(味付け).

조우미쇼유(調味醤油 조미장유 ; ちょうみしょうゆ) 조미간장. 겨자나 고추냉이, 다시 등을 넣어 조미를 하여 맛을 낸 간장.

조우미즈(調味酢 조미초 ; ちょうみず) 조미식초. 식초에 간장, 설탕, 소금, 술 등의 재료를 넣어 만든 혼합초. 니하이즈(二杯酢), 삼바이즈(三杯酢), 아마스(甘酢), 고마스(胡麻酢) 등.

조우센닌징(朝鮮人蔘 조선인삼 ; ちょうせんにんじん) 인삼(ginseng) =고라이닌징(高麗人蔘).

조우센료리(朝鮮料理 조선요리 ; ちょうせんりょうり) 한국요리.

조우센야키(朝鮮焼 조선소 ; ちょうせんやき) 불고기. 일본에 가장 널리 알려진 한국요리.

조우센즈케(朝鮮漬 조선지 ; ちょうせんづけ) 한국의 김치. = キムチ.

조우쇼쿠(朝食 조식 ; ちょうしょく) 조식. 조반. 아침식사(breakfast).

조우자메(蝶鮫 접교 ; ちょうざめ) 용상어(sturgeon).

조우지(丁子 정자 ; ちょうじ) 정향나무(clove).

주바코(重箱 중상 ; じゅうばこ) 찬합. 음식을 넣어 들고 다닐 수 있도록 만든 용기.

주우리키코(中力紛 중력분 ; ちゅうりきこ) 중력분. 글루텐 함량이 강력분보다 적어 제면 및 제과에 적합한 밀가루.

주우쇼쿠(昼食 주식 ; ちゅうしょく) 점심. 1일 3식 중 두 번째로 하는 식사.

주우카료리(中華料理 중화요리 ; ちゅうかりょうり) 중화요리 = 주우고쿠료리(中国 料理).

준사이(蓴菜 순채 ; じゅんさい) 순채(water shield).

즈와이가니(蟹 해 ; ずわいがに) 바다참게(queen crap).

즈이키(芋茎 우경 ; ずいき) 토란대.

즈케(漬 지 ; づけ) 참치초밥. 초밥집의 은어로 간장에 절여서 보존했기 때문에 붙여진 이름.

지가미기리(地紙切 지지절 ; じがみぎり) 채소를 부채 모양으로 써는 것.

지누(茅渟, 黒鯛 모정, 흑조 ; ちぬ) 감성돔. 지누다이(茅渟鯛), 구로다이(黒鯛)라고도 함.

지누키(血抜 혈발 ; ちぬき) 피빼기.

지다이(血鯛 혈조 ; ちだい) 붉돔(crimson sea bream).

지라시아게(散揚 산양 ; ちらしあげ) 덴푸라를 튀길 때 꽃이 피도록 고로모를 뿌리며 튀기는 것.

지라시즈시(散鮨 산지 ; ちらしずし) 일본식 회덮밥.

지리나베(ちり鍋 과 ; ちりなべ) 지리냄비.

지리멘자코(縮緬雑魚 축면잡어 ; ちりめんざこ) 지리멘(縮緬). 마른 잔멸치를 무즙 위에 얹어낸 요리. 또는 잔멸치 건조품.

지리무시(ちり蒸 증 ; ちりむし) 지리찜. 지리처럼 재료를 담아서 다시에 술을 넣고 찜기에 쪄낸 요리.

지리스(ちり酢 초 ; ちりす) = 폰즈(ポン酢).

지마키즈시(粽鮨 종지 ; ちまきずし) 초절임한 생선을 얇게 저며 초밥을 만들어 대나무 잎으로 싼 것.

지샤(萵苣 와거 ; ちしゃ) 상추(lettuce). 치사(萵苣)라고도 함.

지아이(血合 혈합 ; ちあい) 지아이니쿠(血合肉). 생선살 사이의 검붉은 부분(dark mussel).

지카라우동(力饂飩 력온돈 ; ちからうどん) 떡을 올려놓은 가케우동(掛饂飩).

지카야키(直火焼き 직접소 ; じかやき) 직접구이. 재료에 불이 직접 닿아 가열 조리되는 것.

지쿠와(竹輪 죽륜 ; ちくわ) 원통형의 어묵.

지쿠젠니(筑前煮 축전자 ; ちくぜんに) 닭고기 채소조림. 가메니(がめ煮)라고도 함.

진미(珍味 진미 ; ちんみ) 진미. 귀한 음식.

진피(陳皮 진피 ; ちんぴ) 귤의 껍질.

징기스칸나베(成吉思汗鍋 성길사한과 ; ジンギスカンなべ) 철투구와 같은 모양의 냄비. 또는 이것을 사용하여 채소와 양고기에 타래를 곁들여가며 구워 먹는 요리.

ㅋ

카스쓰케(粕漬 박지 ; かすづけ) 어개류나 육류, 채소 등을 술지게미로 절인 요리로, 무, 가지, 오이, 연어, 방어, 청어알 등의 재료를 사용.

ㅍ

파세리(パセリ) 파슬리(parsley).

폰즈(ポン酢 초 ; ポンず) 과즙초(pons). 가보스나 다이다이, 스다치 등을 이용하여 만든 향산성 식초소스. 요즈음에는 식초와 간장, 다시를 사용하여 만들며, 폰즈쇼유(ポン酢醬油) 또는 지리스(ちり酢)라고도 함.

피망(ピマン) 피망(a green pepper). 서양고추. 튀김, 볶음요리 등의 아오미(青み) 등으로 활용됨.

ㅎ

하나가쓰오(花鰹 화견 ; はながつお) 각종 부시(節)를 가늘게 깎아 이토가키(糸掻)해 놓은 것.

하나가타기리(花形切 화형절 ; はながたぎり) 꽃모양 썰기.

하나렌콘(花蓮根 화연근 ; はなれんこん) 연근의 주변을 꽃모양으로 조각하여 조리한 것.

하나산쇼(花山椒 화산초 ; はなさんしょう) 산초나무꽃.

하라고(腹子 복자 ; はらご) 닭이나 생선의 뱃속에 들어 있는 알.

하란(葉蘭 엽란 ; はらん) 엽란.

하루사메(春雨 춘우 ; はるさめ) 당면(glass noodle).

하리기리(針切 침절 ; はりぎり) 재료를 바늘처럼 가늘게 써는 것.

하리네기(針葱 침총 ; はりねぎ) 파를 4cm 길이로 썰어, 옆으로 가늘게 바늘처럼 채쳐서 물에 헹군 것.

하리노리(針海苔 침해태 ; はりのり) 김을 살짝 구워서 가늘게 채썬 것.

하리쇼가(針生姜 침생강 ; はりしょうが) 생강을 가늘게 채썰어 냉수에 담가 헹궈낸 것.

하리우치(針打 침타 ; はりうち) 조리 시 몸통을 꼬챙이로 찔러 굽는 방법.

하마구리(蛤 합 ; はまぐり) 대합(clam).

하마치(飯 반 ; はまち) 방어의 중치.

하모(鱧 례 ; はも) 갯장어(pike conger).

하무(ハム) 햄(ham). 대표적인 육가공품으로 염장 돈육을 건조 · 훈제한 것.

하스(蓮 연 ; はす) 연꽃. 연근(lotus).

하시(箸 저 ; はし) 젓가락. 저분.

하시오키(箸置 저치 ; はしおき) 젓가락 받침.

하야(鮠 외 ; はや) 피라미. 작은 민물고기.

하야즈시(早鮨 조지 ; はやずし) 밥에 초를 가하여 초밥으로 만든 것을 사용하여 만든 초밥요리.

하에(蠅 승 ; はえ) 파리(fly).

하이(杯, 盃 배 ; はい) 잔. 술잔.

하이가(胚芽 배아 ; はいが) 배아. 씨의 구성성분으로 열매의 일부분이며, 발아에 중요한 역할을 함.

하제(鯊 사 ; はぜ) 문절망둑(goby).

하지카미(辛薑 신강 ; はじかみ) ① 생강, ② 산초의 옛 이름, ③ 생강의 대(잎)를 끓는 물에 데쳐 혼합초에 초절임한 것.

하치(鉢 발 ; はち) 주발, 사발 등의 그릇.

하치미쓰(蜂蜜 봉밀 ; はちみつ) 벌꿀(honey).

하카다(博多 박다 ; はかた) 색이나 종류가 다른 재료 두 가지 이상을 붙여서 만든 요리. 하카다야키, 하카다아게, 하카다즈쿠리 등이 대표적.

하케(刷毛 쇄모 ; はけ) 요리용 붓.

하코즈시(箱鮨 상지 ; はこずし) 상자초밥.

하쿠리키코(薄力粉 박력분 ; はくりきこ) 박력분. 글루텐 함량이 가장 적어 튀김요리에 적합한 밀가루.

하타(羽太 우태 ; はた) 능성어(grouper).

하타하타(鰰 신 ; はたはた) 도루묵(sandfish).

하토(鳩 구 ; はと) 비둘기(pigeon).

하토가라시(葉唐辛子 엽당신자 ; はとうがらし) 고춧잎. 풋고추의 잎으로 조림이나 볶음요리에 이용.

하토무기(鳩麦 구맥 ; はとむぎ) 율무(adlay).

하토차(鳩茶 구다 ; はとちゃ) 율무차.

학사이(白菜 백채 ; はくさい) 배추(Chinese cabbage).

한게쓰기리(半月切り 반월절 ; はんげつぎり) 기본썰기 방법 중 하나로 재료를 반달모양으로 자르는 것.

한다이(飯台 반태 ; はんだい) 밥상. = 차부다이(卓袱台).

한다이(板台 판태 ; はんだい) 초밥 비빔통. 한기리(半切)라고도 함.

핫초미소(八丁味噌 팔정미쟁 ; はっちょうみそ) 콩된장 중 하나로 오카자키(岡崎) 지방의 등록상표명.

핫카(薄荷 박하 ; はっか) 박하(mint).

핫코(醱酵 발효 ; はっこう) 발효(fermentation). 미생물이 식품에 증식하는 현상으로, 주로 탄수화물이 분해되어 유기산이나 알코올을 생성해 낸 결과가 인체에 유익한 경우를 말하며, 식품으로서의 가치를 잃거나 섭취 시 인체에 유해할 경우를 부패 또는 변패라고 함.

핫타이(糗 구 ; はったい) 미숫가루. = 무기코가시(麦焦し).

핫포다시(八方出汁 팔방출즙 ; はっぽうだし) 조림용 국물.

헨파이(変敗 변패 ; へんぱい) 변패(rancidity). 유지가 변화하는 현상으로 악취가 나며 점성이 생기고, 색이나 맛이 나빠진다. 공기 중의 산소와 결합하거나 미생물의 효소에 의해 가수분해되어 생기는 경우가 많다. 이를 방지하기 위하여 튀김기름을 과열시키지 말고, 조리 후 이물질을 걸러 냉암소에 보관하며, 유지 보관 시 공기와의 접촉을 차단시켜야 함.

호네누키(骨抜 골발 ; ほねぬき) 생선의 잔가시를 제거하는 것. 또는 그 기구(핀셋).

호네키리(骨切 골절 ; ほねきり) 가는 잔가시를 발라내지 않고, 잘라가며 생선살을 오로시하는 것.

호렌소(菠薐草 파릉초 ; ほうれんそう) 시금치(spinach).

호로쿠(炮烙 포락 ; ほうろく) 넓고 둥근 질냄비. 무시야키(蒸し焼き)하는 데 사용되며, 식탁에 그대로 올려서 조리함.

호로쿠무시(炮烙蒸 포락증 ; ほうろくむし) = 호로쿠야키(炮烙焼).

호로쿠야키(炮烙焼 포락소 ; ほうろくやき) 질그릇 소금구이. 냄비에 소금을 깔고 어패류나 채소 등을 올려놓은 다음, 뚜껑을 덮어 오븐에 넣고 무시야키(蒸し焼き)하여 익힌 요리. 호우라쿠야키(炮烙焼)라고도 함.

호보(魴魚弗 방불 ; ほうぼう) 성대(red gurnard).

호소마키즈시(細巻鮨 세권지 ; ほそまきずし) 반장의 김으로 말아낸 가는 김초밥 ↔ 후토마키즈시(太巻き鮨).

호쇼마키(奉書巻 봉서권 ; ほうしょまき) 종이로 싸서 만 것과 같이, 무를 가쓰라무키(桂剥き)하여 재료를 말아 싼 요리.

호쇼야키(奉書焼 봉서소 ; ほうしょやき) 재료를 호우쇼가미(奉書紙: 닥나무로 만든 백지)로 싸서 오븐에 굽는 요리.

호시가레이(星鰈 성접 ; ほしがれい) 노랑가자미(spotted halibut).

호시가키(干柿 간시 ; ほしがき) 곶감. 감의 껍질을 벗겨 일광 또는 가열 건조시켜 말린 것.

호시나마코(干海鼠 간해서 ; ほしなまこ) 건해삼. 말린 해삼. = 이리코(海参).

호시부도(干葡萄 간포도 ; ほしぶどう) 건포도. = レーズン(raisin)

호시소바(干蕎麦 간교맥 ; ほしそば) 건메밀국수. 마른 국수의 일종으로, 메밀국수를 건조시킨 것.

호시시타케(乾椎茸 건추용 ; ほししいたけ) 건표고. 말린 표고버섯.

호시아와비(干鮑 간포 ; ほしあわび) 말린 전복. 가누바오(干鮑)라고도 함.

호시에비(干海老 간해로 ; ほしえび) 말린 새우.

호시우동(干饂飩 간온돈 ; ほしうどん) 건면. 마른우동 국수.

호시이(干飯, 乾飯 간반, 건반 ; ほしいい) 말린 밥. 보존을 위해 건조시킨 것. 과거에는 군대의 식량으로 사용하였으나, 현재는 레토르트 식품으로 가공 · 생산됨.

호시자메(星鮫 성교 ; ほしざめ) 별상어(gummy shark).

호시카이바시라(干貝柱 간패주 ; ほしかいばしら) 건패주. 말린 조개관자. 가누베이(干貝柱)라고도 함.

호야(海鞘 해초 ; ほや) 멍게. 우렁쉥이(sea squirt).

호이로(焙炉 배로 ; ほいろ) 건조기. 은은한 불판 위에 종이를 깔고 그 위에 김이나 미역, 차 등을 건조시키는 기구.

호지차(焙茶 배다 ; ほうじちゃ) 번차(番茶)를 볶아 달인 차로서, 강한 향이 있어 맛이 좋음.

호초(包丁 포정 ; ほうちょう) 식칼. 조리용 칼. 원래는 조리사를 지칭하는 용어였으나 지금은 식품을 자르는 도구의 총칭.

호초카케(包丁掛 포정괘 ; ほうちょうかけ) 칼집. 칼을 수납하는 것.

호타루이카(蛍烏賊 형오적 ; ほたるいか) 불똥 꼴뚜기(firefly squid).

호타테가이(帆立貝 범립패 ; ほたてがい) 가리비(scallop).

혼나오시(本直 본직 ; ほんなおし) 미림(味醂)에 소주를 섞은 요리 술.

혼다와라(神馬藻 신마조 ; ほんだわら) 모자반(gulfweed).

혼마구로(本鮪 본유 ; ほんまぐろ) 참다랑어. 참치. = 구로마구로(黒鮪).

혼부시(本節 본절 ; ほんぶし) 고급품의 가쓰오부시.

혼젠료리(本膳料理 본선요리 ; ほんぜんりょうり) 본선요리. 일본요리 형식의 기초가 된 일본의 사찰요리.

홋케(魚花 ; ほっけ) 임연수어(atka mackerel).

홋코쿠아카에비(北国赤海老 북국적해로 ; ほっこくあかえび) = 아마에비(甘海老).

홋키가이(北寄貝 북기패 ; ほっきがい) 함박조개(hen clam).

효시기기리(拍子木切 박자목절 ; ひょうしぎぎり) 기본썰기 방법 중 하나로 길이 4~5cm에 폭 1cm의 사각의 막대모양으로 써는 것.

후(麩 부 ; ふ) 조리용 떡.

후구(河豚 하돈 ; ふぐ) 복어(puffer). 잘못 먹으면 죽는다고 하여 뎃포(鉄砲) 또는 데쓰(てつ)라고도 함.

후구조스이(河豚雑炊 하돈잡취 ; ふぐぞうすい) 복어죽.

후구치리(河豚ちり) 복어지리 냄비. = 뎃치리(鉄ちり).

후나(鮒 부 ; ふな) 붕어(carp).

후나즈시(鮒鮨 부지 ; ふなずし) 붕어초밥. 붕어의 나레즈시(熟れ鮨)로서, 염지한 붕어에 밥을 넣고 반년 이상 일 년 정도 장기간 숙성 · 발효시켜 얇게 썰어서 사용.

후단소(不断草 불단초 ; ふだんそう) 근대(swiss chard).

후루이(篩 사 ; ふるい) 체(strainer). 우라고시(裏漉)하거나 물기를 제거하는 데 사용되는 주방기구.

후리시오(振塩 진염 ; ふりしお) 재료에 소금을 뿌리는 것.

후리카케(振掛 진괘 ; ふりかけ) ① 밥 위에 뿌려 먹도록 만든 혼합분말 조미료. ② 음식 위에 곁들이는 재료 따위를 뿌리는 행위.

후시도리(節取 절취 ; ふしどり) 산마이오로시(三枚卸)한 생선의 지아이(血合 : 혈합) 부분을 도려내어 손질하는 것으로, 생선회 썰기 전의 생선 손질법.

후시루이(節類 절류 ; ふしるい) 부시류. 다시를 만들기 위해 생선의 살을 삶아 건조시킨 것. 고등어, 정어리, 다랑어 등이 있으나 사용량이나 맛에 있어 가쓰오부시(鰹節)가 가장 대표적.

후지오로시(富士卸 부사사 ; ふじおろし) 무즙을 산 모양으로 만들어 그 위에 고추냉이나 생강즙을 올려놓아 산 모양처럼 만든 것.

후차료리(普茶料理 보차요리 ; ふちゃりょうり) 보차요리. 중국식의 쇼진료리(精進料理)로서 대부분 채소를 재료로 사용한다. 1654년 중국의 황벽종(黄壁宗) 포교 당시 일본에 콩과 약품 등을 전하여 일본의 문화에 크게 기여했던 승려인 은원(隠元)에 의하여 전래되었다. 좌불행이나 법요 등의 행사가 끝난 후, 차를 마시며 의논을 하는 차례 뒤에 나오는 식사가 후차료리.

후쿠라시코(膨粉 팽분 ; ふくらしこ) 베이킹파우더(baking powder: BP).

후쿠로(袋 대 ; ふくろ) 유부 속에 채소와 고기를 볶아 넣어 간표(干瓢) 등으로 묶은 것.

후쿠메니(含煮 함자 ; ふくめに) 연한 간으로 오랫동안 조려낸 조림요리.

후쿠사료리(袱紗料理 복사요리 ; ふくさりょうり) 향응음식을 약식화한 정식요리로, 후에 혼젠료리(本膳料理)가 됨.

후키(蕗 로 ; ふき) 머위.

후키요세(吹寄 취기 ; ふきよせ) 겨울철 요리로 바람 부는 가을부터 초겨울에 걸쳐 먹는 음식.

후킨(布巾 포건 ; ふきん) 행주.

후토마키즈시(太巻鮨 태권지 ; ふとまきずし) 김초밥. = 후토마키(太巻).

후하이(腐敗 부패 ; ふはい) 부패(decomposition). 미생물이 증식하여 생성해 낸 효소에 의해 식품성분이 분해되어 가식성(可食性)을 잃는 것을 말한다. 이와 같이 단백질이 미생물의 작용으로 분해된 것을 부패라고 말하며, 탄수화물이 분해되어 유기산이나 알코올을 생성하여 내는 것은 발효라 하고, 지질이 분해되는 현상은 변패라고 구분한다. 그러나 식품의 구성성분이 복잡하게 되어 있어, 이것들을 확실하게 구별하기는 곤란하며, 인체에 유익한 경우를 제외하고는 대부분 부패 또는 변패라고 함.

훈도시(褌 곤 ; ふんどし) 게의 복부에 있는 삼각형의 껍질. 마에가케(前掛け)라고도 함.

훈마쓰쇼유(粉末醬油 분말장유 ; ふんまつしょうゆ) 분말간장.

훈마쓰스(粉末酢 분말초 ; ふんまつす) 분말식초.

휘레(フィレ) 필렛(fillet). = 히레(ヒレ).

히다라(干鱈 간설 ; ひだら) 대구의 건제품. 보우다라(棒鱈)라고도 함.

히라마사(平政 평정 ; ひらまさ) 부시리(amberjack).

히라메(鮃 평 ; ひらめ) 광어(halibut).

히라즈쿠리(平作 평작 ; ひらづくり) 칼을 힘 있게 당겨 살을 편평하게 써는 것. 참치회 썰기에 적합한 방법.

히라키(開 개 ; ひらき) 생선의 등을 갈라 펼쳐서 말린 건어물.

히라타케(平茸 평용 ; ひらたけ) 느타리버섯.

히레(鰭 기 ; ひれ) 지느러미(fin).

히레(ヒレ) 필렛(fillet). ① 육류의 안심(tenderloin), ② 생선의 오로시한 살코기 부위.

히레자케(鰭酒 기주 ; ひれざけ) 생선의 지느러미를 말려 구워 청주에 담가 먹는 술. 복어의 히레자케가 대표적.

히레지오(鰭塩 기염 ; ひれじお) 구이요리 시, 지느러미가 타는 것을 방지하기 위해 소금을 듬뿍 묻혀주는 것.

히모(紐 뉴 ; ひも) 피조개나 가리비 등의 조개류의 지느러미와 같은 살 또는 육류의 내장.

히모노(干物 건물 ; ひもの) 건물(포). 건어물.

히시오(醬 장 ; ひしお) 옛날간장.

히쓰지니쿠(羊肉 양육 ; ひつじにく) 양고기(mutton).

히야무기(冷麦 냉맥 ; ひやむぎ) 냉국수. 소면보다는 굵고, 우동보다는 가는 국수로 건면류의 일종.

히야시모노(冷物 냉물 ; ひやしもの) 여름철에 차게 하여 먹는 요리의 총칭.

히야시소멘(冷素麺 냉소면 ; ひやしそうめん) 냉소면. 삶아낸 소면국수에 차가운 국물을 곁들인 면요리.

히야시스이모노(冷吸物 냉흡물 ; ひやしすいもの) 냉국. 차게 한 국물요리. 맑은국보다 약하게 조미.

히야얏코(冷奴 냉노 ; ひややっこ) 냉두부요리. 생두부에 차가운 다시를 부어 간장으로 간을 한 요리.

히우오(干魚 간어 ; ひうお) 건어물. 말린 물고기.

히우오(氷魚 빙어 ; ひうお) 은어의 치어. 빙어. 약어로 히오(氷魚)라고도 함.

히이레(火入れ 화절 ; ひいれ) 만들어둔 음식의 부패방지를 위해 음식을 재가열조리하는 것.

히즈(氷頭 빙두 ; ひず) 연어나 참치 머리의 연골.

히지키(鹿尾菜 록미채 ; ひじき) 녹미채. 톳.

히카겐(火加減 화가감 ; ひかげん) 불조정. 화력조절.

히카리모노(光物 광물 ; ひかりもの) 초밥집 용어로 전갱이, 전어, 고등어 등의 부위에서 푸른빛이 나는 생선을 지칭.

히키기리(引切 인절 ; ひきぎり) 사시미 써는 방법 중 하나로 짧고 힘 있게 당겨 써는 것을 말함.

히키니쿠(挽肉 만육 ; ひきにく) 갈거나 저민 고기. 민치고기. 햄버거, 미트볼, 소보로 등을 만드는 데 사용.

히타시모노(浸物 침물 ; ひたしもの) = 오히타시(御浸し).

참고문헌

김현룡, 참치에 대한 인식과 소비자의 이용형태 및 조리법 연구, 경주대학교 산업경영대학원 석사학위논문, 2006.

김현룡, 일식레스토랑 메뉴품질에 대한 중요도와 만족도에 관한 연구, 한국식생활학회지, 2005.

송청락, 관광호텔 일식메뉴 개선에 관한 연구, 경희대학교 경영대학원 석사학위논문, 1996.

송청락, 주재료에 따른 데리야끼 소스의 품질 특성, 동아시아생활학회지, 2009.

스기다 고이치, 안용근 역, 조리요령의 과학, 전파과학사, 1989.

오혁수, 일본요리, 백산출판사, 2002.

오혁수, 일식메뉴 안내용 전문가 시스템의 개발, 한국조리학회지, 1996.

오혁수, 국내산 영귤을 이용한 일본요리의 조리적성 연구, 한국조리학회지, 2009.

今和泉明外, 刺身と活造り·姿造り, 柴田書店, 1994.

柴田書店編輯部, 刺身百科, 柴田書店, 2007.

柴田日本料理研鑽會, 懷石料理, 柴田書店, 2003.

中村昌次, 和食の料理用語辭典, 旭屋出版, 2001.

社團法人法人全國調理師養成施設協會, 調理用語辭典, 圖書印刷株式會社, 1993.

畑耕一郎, プロのためのわかりやすい日本料理, 柴田書店, 1999.

海, 沼勝, ふぐ調理師必携, 柴田書店, 2003.

プロ調理の基本(日本料理), 大阪あべの辻調理師專門學校, 1995.

辻勳, 日本料理, 辻調理師專門學校, 1999.

長田眞澄, 日本料理(理論と實習), 新評論, 1992.

調理師教科全書6(調理理論), 社團法人全國調理師養成施設協會, 1994.

調理師教科全書7(調理習), 社團法人全國調理師養成施設協會, 1994.

科學技術廳資源調査會, 魚ガイドブック, 女子榮養大學出版部, 1991.

__________________, 野菜ガイドブック, 女子榮養大學出版部, 1991.

__________________, 肉ガイドブック, 女子榮養大學出版部, 1991.

荒木信次, すし技術教科書(江戸前ずし), 旭屋出版, 1997.

________, すし技術教科書(關西ずし), 旭屋出版, 1997.

저자약력

오혁수

- 신안산대학교 호텔조리과 교수, 학과장
- 식품공학박사
- 대한민국 최초의 일식전임교수
- 한국조리학회 부회장
- 외식조리 컨설턴트
- 대한민국 일식명인회 자문위원
- 롯데호텔 조리팀 근무(모모야마, 벤케이)
- 한국기술자격검정원 조리실기 감독위원
- 한국산업인력공단 기능장, 산업기사, 기능사 출제 및 검토위원
- 중등교사임용고시 출제 및 검토위원
- 국제, 전국 각종 요리대회 심사위원

저서

- 일본요리(2002), 백산출판사
- 일식복어조리기능사·산업기사 실기문제집(2004), 백산출판사
- 알기 쉬운 식품학개론(2007), 백산출판사
- 외식레스토랑 주방조리시설관리론(2009), 형설출판사

김홍열

- 신안산대학교 호텔조리과 초빙교수
- 일식 전문점 광수사 대표
- 조리기능사, 기능장 감독위원 및 심사위원
- 대한민국 법제처 국민법제관 위촉(농림축산식품 분야)
- 서울프라자호텔 일식당 조리장
- 한국 최초 TV(KBS, SBS) 요리방송 출연
- 일본 동경 다카나와 프린스 호텔 근무
- 86아시안게임/88서울올림픽 선수단 식단 제공
- 일식전문점 정화, 대어, 다케스시 등에서 조리장
- SBS생활의 달인, 일식신사대문파 출연
- 한국 최초 알밥개발 특허획득(10-0665526호)

저서

- 일식조리(2010), 광문각
- 고급일본요리(2011), 백산출판사

송청락

- 한림성심대학 관광외식조리과 부교수(2001~현재)
- 단국대학교 박사(조리과학) 수료
- 경희대학교 박사(조리외식) 수료
- 한국조리학회 부회장
- 롯데호텔 조리부 근무(1985~2001)
- 국가공인 조리기능장(1997), 식품기술사(1999)

고기철

- 부산과학기술대학교 호텔조리과 교수
- 동의대학교(전공: 호텔·관광·외식산업)
- 신라호텔 근무
- 경주 조선호텔 근무
- 서울 힐튼호텔 근무
- 경주 힐튼호텔 근무(조리팀장)
- 마르코폴로호텔 근무(경영기획 차장)
- 경주 조선호텔 근무(조리부장)
- (주)호텔 농심 근무(조리부장)
- (주)부산 코모도호텔 근무(조리부장)

[전문 레스토랑 메뉴제공 업체에 감사드립니다]

유락(侑樂) 이호지 대표(02-557-7749) | 원(元)복집 정원진 대표(031-711-7553) | 무스쿠스강남점 이동찬 대표(02-556-9393) | 사조참치을지로점 인광수 대표(02-732-1713) | 광수사(光司) 김홍열 대표(02-558-1725) | (주)호텔롯데 모모야마

고급실무일식조리

2018년 3월 10일 초판 1쇄 발행
2022년 8월 20일 초판 3쇄 발행

지은이 오혁수 · 김홍열 · 송청락 · 고기철
펴낸이 진욱상
펴낸곳 (주)백산출판사
교　정 성인숙
본문디자인 장진희
표지디자인 오정은

등　록 2017년 5월 29일 제406-2017-000058호
주　소 경기도 파주시 회동길 370(백산빌딩 3층)
전　화 02-914-1621(代)
팩　스 031-955-9911
이메일 edit@ibaeksan.kr
홈페이지 www.ibaeksan.kr

ISBN 979-11-88892-17-4 93590
값 30,000원